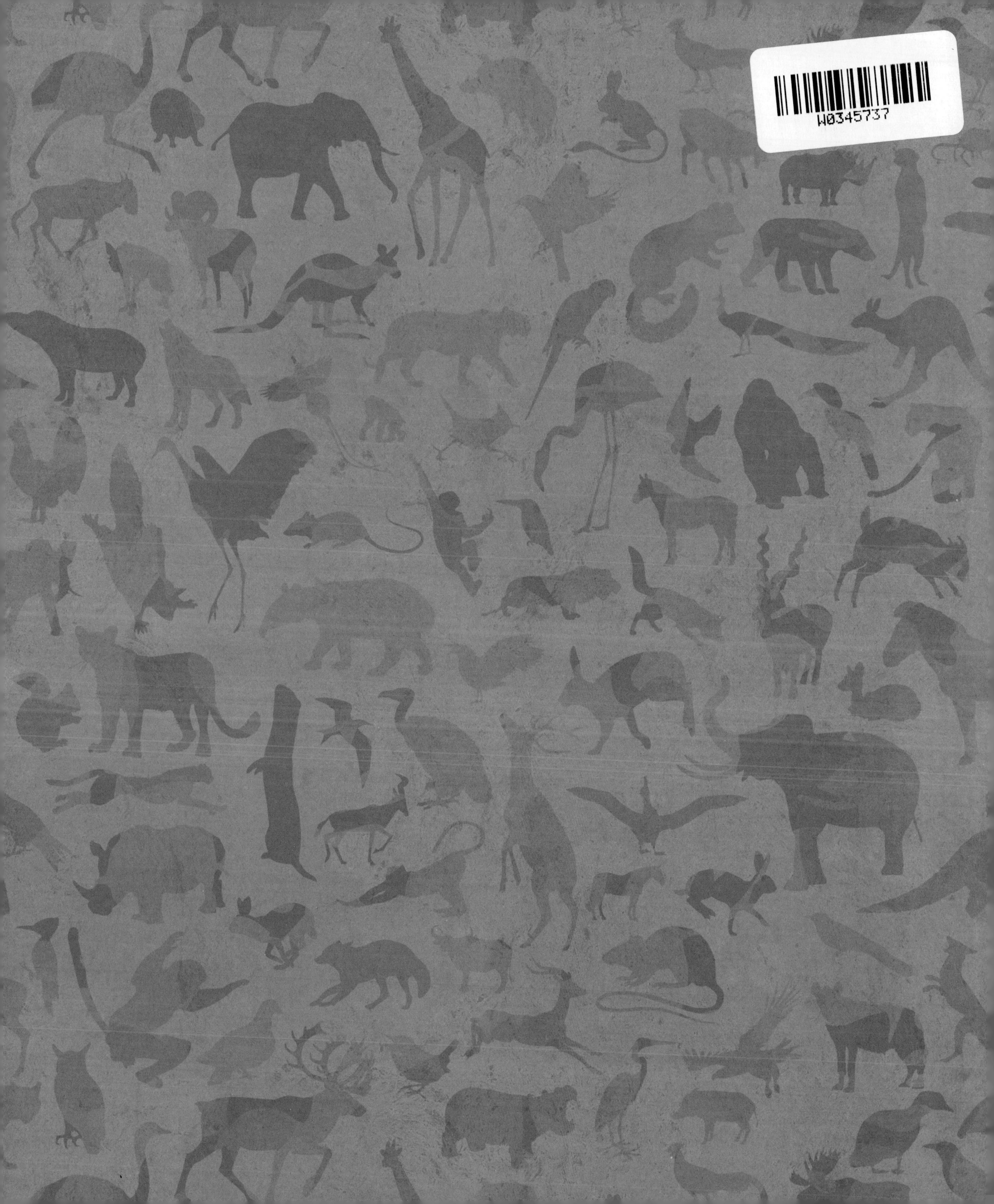

Atlas des Animaux

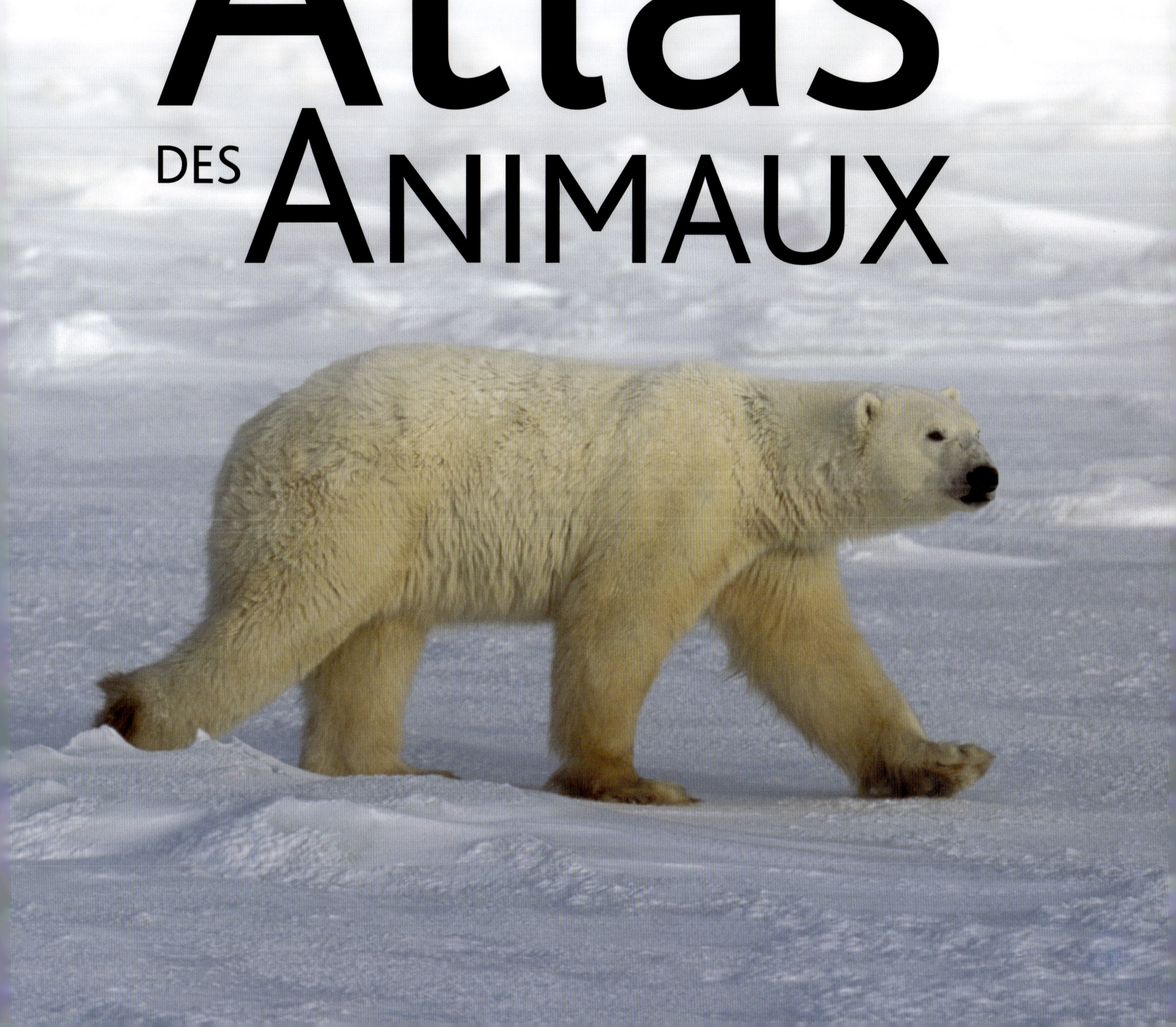

Pour l'édition française :

300, rue Léon-Joulin, 31101 Toulouse Cedex 9

Loi 49-956 du 16 juillet 1949 sur les publications destinées à la jeunesse.

ISBN : 9.782.7459.5413.8

Dépôt légal : 3e trimestre 2012
www.editionsmilan.com

Traduction et adaptation française :
Emmanuelle Pingault
Révision éditoriale : Christine Baillet
Relecture scientifique : Jean-Baptiste de Panafieu
Mise en pages : Empreinte & Territoires

Édition originale :
Weldon Owen Publishing
42-44 Victoria Street, McMahons Point
Sydney NSW 2060, Australie
weldonowenpublishing.com

Directrice générale : Kay Scarlett
Directrice de publication : Corinne Roberts
Chef de production artistique : Sue Burk
Vice-président des ventes internationales :
Stuart Laurence
Directrice des ventes en Amérique du Nord :
Ellen Towell
Directrice administrative des ventes internationales :
Kristine Ravn
Directrice de publication : Averil Moffat
Conception : Arthur Brown, Cooling Brown
Iconographie : Trucie Henderson
Directeur de production : Todd Rechner
Responsable de production et vérification des épreuves :
Mike Crowton

Édition originale en 2012 Sous le titre *Atlas of animals*
par Weldon Owen Production

Atlas des Animaux

Jinny Johnson

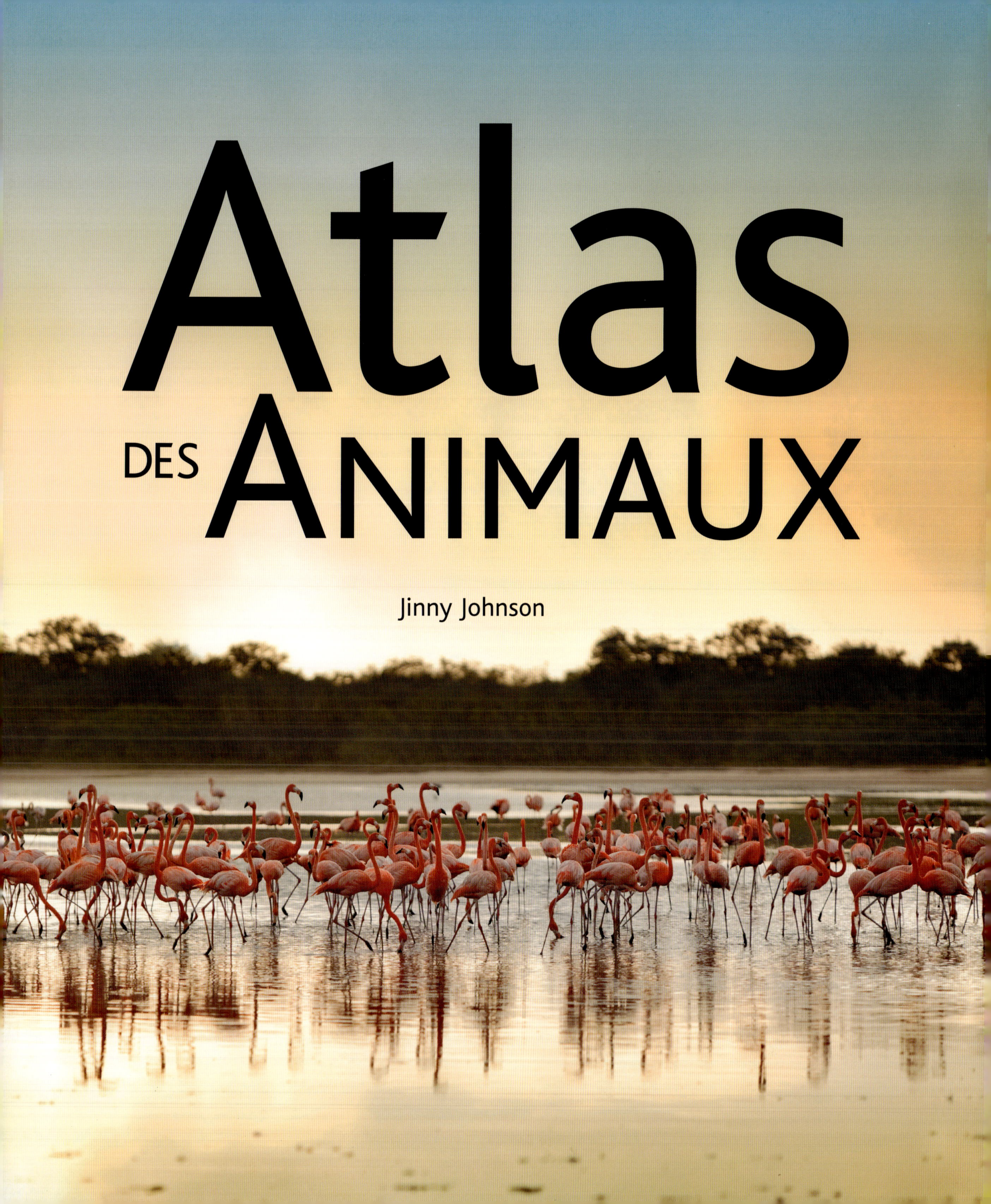

Sommaire

L'Amérique centrale et du Sud 32

L'Europe 46

L'Australasie 94

Les pôles et les océans 110

Le règne animal

ON CLASSE LES ANIMAUX DANS DEUX GROUPES principaux. Les invertébrés, dépourvus de colonne vertébrale, comprennent les insectes et les araignées ; selon les scientifiques, il en reste plusieurs millions à découvrir. Les vertébrés, composés des mammifères, oiseaux, reptiles, amphibiens et poissons, possèdent un squelette. Le nombre d'espèces mentionné ici est approximatif.

Les insectes

De tous les êtres vivants, ils sont les plus nombreux. Généralement de petite taille, ils sont dotés de six pattes, deux paires d'ailes, et deux antennes sur la tête.

305 250

Les autres invertébrés

Parmi les invertébrés terrestres, on compte les araignées, les vers de terre et les escargots. Les espèces marines sont bien plus nombreuses : crabes, éponges, coquillages, méduses...

Poissons osseux

31 300

Poisson cartilagineux

Les poissons

Il en existe deux types. Les poissons osseux, ou vertébrés, sont les plus nombreux. Ils ont un squelette constitué d'os. Les poissons cartilagineux, dont les requins et les raies, ont un squelette souple fait de cartilage.

Les oiseaux

Un oiseau possède deux pattes, une paire d'ailes et un corps couvert de plumes. C'est d'ailleurs le seul animal à plumes.

9 998

1 000 000

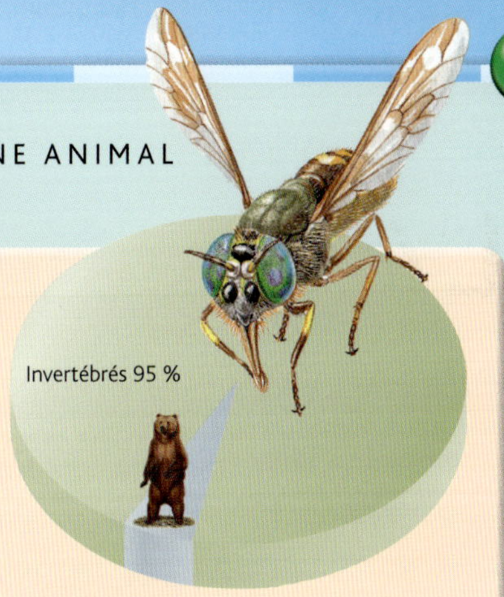

La répartition des espèces
Sur les 1,3 million d'espèces animales identifiées, environ 95 % sont des invertébrés. Seuls 5 % des êtres vivants sont des vertébrés.

5 490

Les mammifères

En dépit d'apparences très diverses, tous les mammifères ont le sang chaud et un squelette osseux. La plupart sont couverts de poils et ont les sens très développés.

6 433

Les amphibiens

Il en existe trois groupes : les tritons et les salamandres ; les grenouilles et les crapauds ; et enfin les apodes, qui ressemblent à des vers. Les amphibiens furent les premiers vertébrés terrestres.

9 084

Les reptiles

Tortues, serpents, lézards et crocodiles sont des reptiles. Ils sont généralement couverts de solides écailles imperméables.

L'évolution et l'adaptation

Trilobite

LA NATURE N'EST PAS FIGÉE. Les animaux et les végétaux s'adaptent sans cesse à leur environnement. Cela entraîne parfois l'apparition d'une nouvelle espèce ou la disparition d'une autre. Ce processus s'appelle l'*évolution*. Nous savons comment la vie sur Terre a évolué depuis des millions d'années grâce aux fossiles, qui sont des restes d'animaux et de plantes pétrifiés.

– 200 millions d'années

– 90 millions d'années

Aujourd'hui

Le monde en mouvement

Le déplacement des plaques tectoniques a profondément modifié la physionomie des masses continentales. Aujourd'hui encore, les continents bougent.

Les témoins du passé

Ce squelette fossilisé est celui d'un archéoptéryx, un animal contemporain des dinosaures. On le considère généralement comme le tout premier oiseau.

L'histoire de la vie sur Terre

Selon la plupart des chercheurs, la Terre s'est formée il y a environ 4,5 milliards d'années. Ce schéma montre l'évolution probable des différentes formes de vie.

Légende

- Ère archéenne
- Ère protérozoïque
- Ère paléozoïque
- Ère mésozoïque
- Ère cénozoïque
- Extinction massive
- *Ga* Milliard d'années
- *Ma* Million d'années

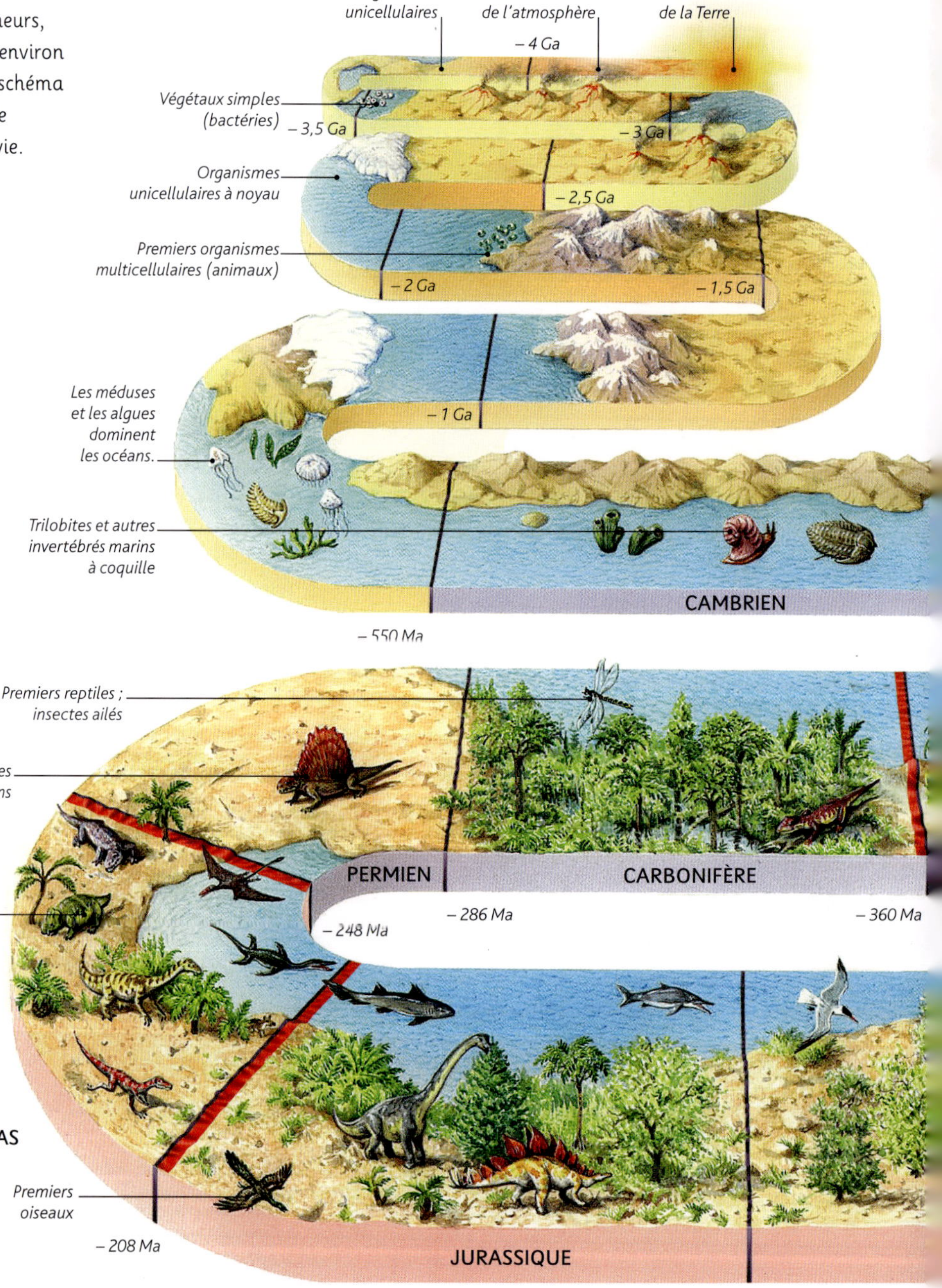

Fossile d'ammonite, mollusque disparu

Vautour oricou

Urubu à tête rouge

Conçus pour nettoyer

Les vautours d'Afrique, comme l'oricou, et les vautours d'Amérique, dont l'urubu à tête rouge, ont évolué de manière convergente. Ce sont des charognards : ils se nourrissent d'animaux morts.

ADAPTATION

LA SÉLECTION NATURELLE

Au fil du temps, à Madagascar, une même espèce d'oiseau, le vanga, s'est divisée en quatorze espèces, au point de ressembler parfois à des oiseaux de groupes différents inconnus sur l'île. La forme de leur bec varie selon la nature des aliments qu'ils consomment.

Artamie azurée
Vanga de Pollen
Eurycère de Prévost
Falculie mantelée

Requin (poisson)

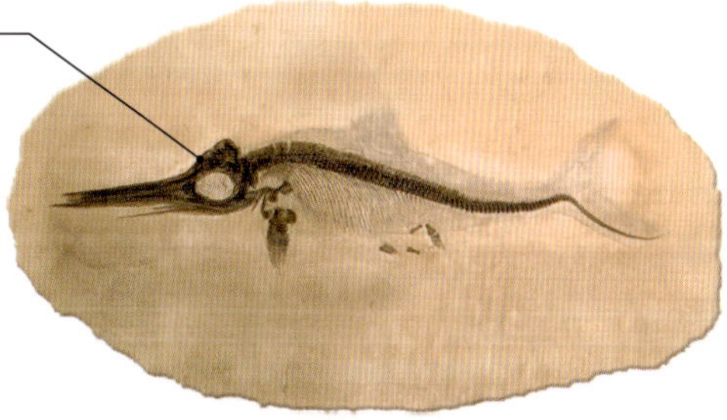

Fossile d'ichtyosaure (reptile)

L'évolution en action

Un corps lisse et fuselé et des nageoires puissantes permettent de nager plus vite. Les requins, les dauphins et les ichtyosaures (espèce éteinte) sont sans parenté biologique, mais ils ont adopté une forme comparable pour atteindre ce but commun.

Dauphin (mammifère)

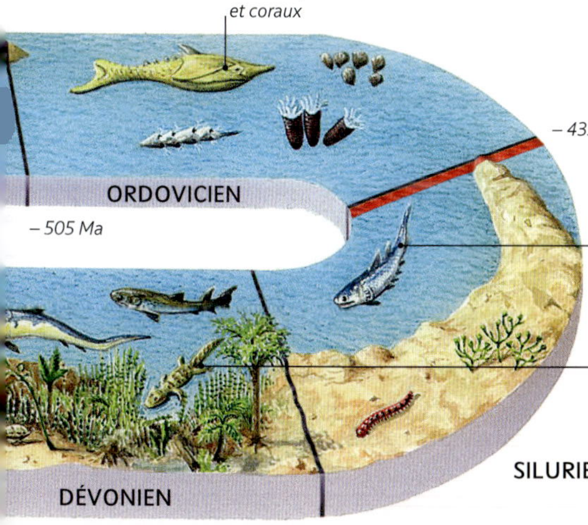

L'influence de l'homme

L'être humain évolue depuis moins de deux millions d'années, soit à peine une seconde sur le calendrier de l'histoire de notre planète. Pourtant, notre espèce est celle qui a le plus d'impact sur la Terre.

Manger pour vivre

POUR LES ANIMAUX, trouver de quoi manger est un combat permanent. En dehors des grands prédateurs, chacun peut être une proie pour l'autre. Mais les espèces au sommet de la chaîne alimentaire sont aussi celles qui comptent le moins d'individus. Tout cet équilibre repose sur l'énergie du soleil emmagasinée par les végétaux chlorophylliens.

Qui mange qui ?

Sur cette illustration de chaîne alimentaire dans un champ nord-américain, les sauterelles se nourrissent de plantes, puis les souris et autres petites bêtes croquent les insectes avant d'être dévorées par le faucon, prédateur et dernier maillon de la chaîne.

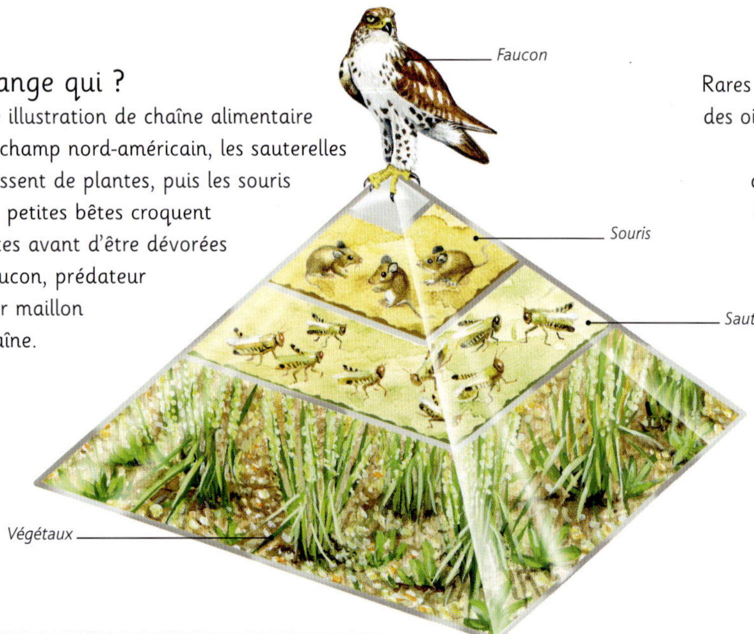

Les grands rapaces

Rares sont les animaux capables d'attraper des oiseaux de proie, un aigle par exemple. Le circaète jean-le-blanc capture des serpents et d'autres animaux qui, à leur tour, se nourrissent d'animaux plus petits tels que des souris.

ADAPTATION

LES GRANIVORES

Comme leur nom l'indique, les becs-croisés ont un outil parfait pour vider les pommes de pin. Ils glissent leur bec entre les écailles pour les écarter et en extraire les graines. Selon l'espèce et le type de cônes consommés, la taille du bec varie.

Bec-croisé des sapins

De la crevette au requin

Les crevettes mangent des végétaux et des micro-organismes. Les poissons engloutissent les crevettes, et sont à leur tour dévorés par les grands prédateurs marins, dont les requins.

Larves de guêpe dans leur cocon de soie

Aux dépens des autres

Un parasite se nourrit de l'animal qui l'héberge. Certaines guêpes pondent dans le corps des chenilles. À l'éclosion des œufs, les larves se fraient un chemin vers l'extérieur en grignotant la chenille de l'intérieur.

Les charognards

Dans la nature, rien ne se perd. Les charognards, tels que les hyènes et les vautours, se nourrissent d'animaux morts naturellement ou volent les proies des lions et d'autres chasseurs.

GROS PLAN

OÙ EST L'HERBE ? Certains animaux effectuent de longs voyages, ou migrations, pour pouvoir se nourrir toute l'année. Dans le Serengeti, la pluie ne tombe pas partout au même moment. Les gnous suivent donc les pluies pour trouver les meilleurs pâturages.

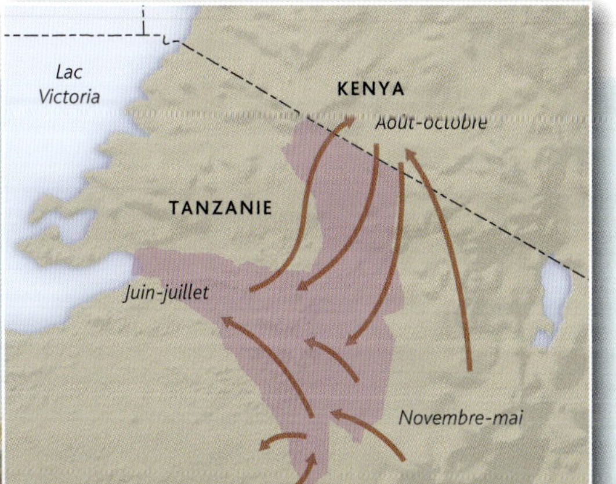

Voies migratoires

Parc national du Serengeti

Le monde du vivant

Maki catta

LA NATURE NE DIVISE PAS LE MONDE en pays ni en continents, mais en régions naturelles, en fonction des caractéristiques du climat et de la pluviométrie. Ces conditions influencent le développement de formations végétales telles que les forêts ou les prairies. Comme les animaux dépendent des végétaux, dans chaque région les seconds déterminent la présence des premiers et leur façon de s'adapter à l'environnement local. Ainsi, dans le désert il faut être capable de résister à la sécheresse, et dans les forêts boréales de survivre à des hivers très rudes.

Les forêts boréales

Ces massifs de conifères couvrent le nord de l'Amérique du Nord et de l'Eurasie. Il y fait chaud en été mais extrêmement froid en hiver.

Les zones de végétation

Cette carte montre les principales régions naturelles. Dans certains cas, l'intervention humaine en a profondément perturbé, voire rompu, l'équilibre.

- Forêt tropicale
- Forêt tropicale saisonnière
- Désert
- Prairie tropicale et savane
- Forêt et maquis méditerranéens
- Prairie tempérée
- Forêt tempérée
- Forêt boréale
- Toundra
- Calotte glaciaire
- Végétation de montagne

ADAPTATION

LES ESPÈCES ENDÉMIQUES Certains animaux et végétaux sont adaptés à divers habitats et colonisent d'amples territoires. D'autres, au contraire, vivent uniquement dans des sites très localisés. On les rencontre dans des régions particulières, le désert de Gobi par exemple, ou sur des territoires plus petits : une île, un lac...

Le kagou huppé ne vit qu'en Nouvelle-Calédonie, un archipel du Pacifique sud. Cet oiseau incapable de voler est à présent rare.

Le phoque du Baïkal fréquente exclusivement le lac Baïkal, en Sibérie (Russie), le plus ancien lac du monde.

La forêt tropicale pluviale

Ce milieu, toujours chaud et humide, abrite une quantité extraordinaire d'animaux et de végétaux.

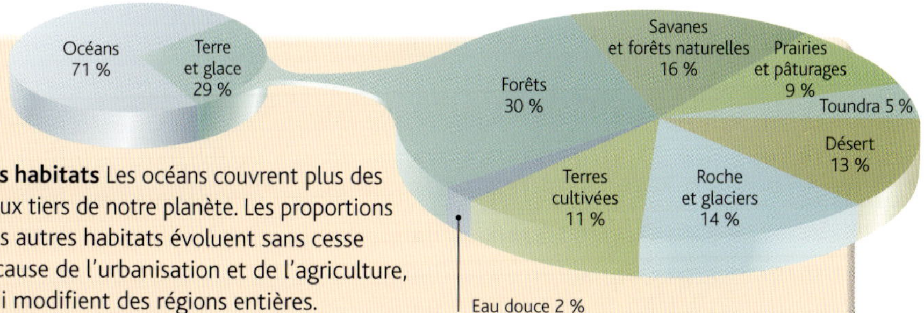

Les habitats Les océans couvrent plus des deux tiers de notre planète. Les proportions des autres habitats évoluent sans cesse à cause de l'urbanisation et de l'agriculture, qui modifient des régions entières.

Les montagnes

Une montagne est une élévation de terrain d'au moins 300 m par rapport à ses alentours. Il en existe sur tous les continents.

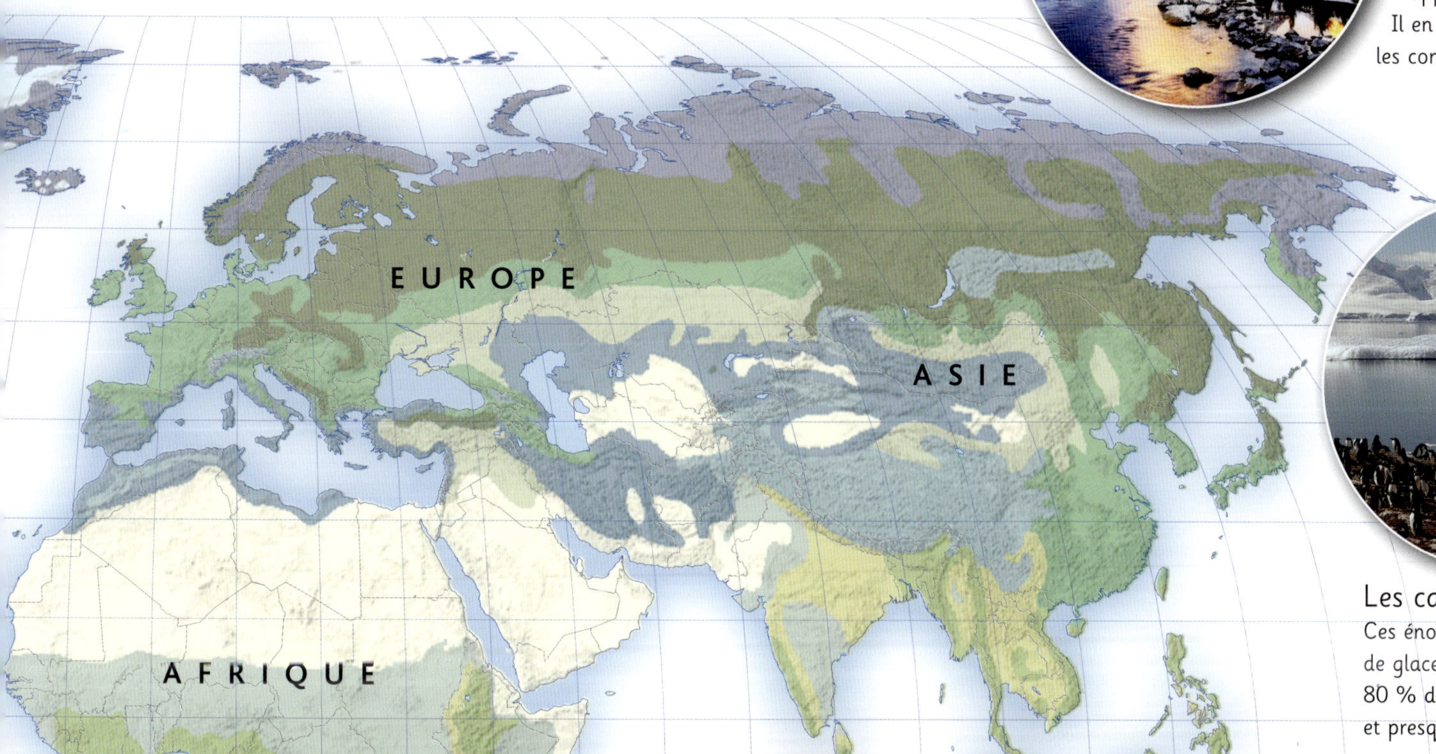

Les calottes glaciaires

Ces énormes surfaces de glace couvrent environ 80 % du Groenland et presque tout l'Antarctique.

Le désert

Un désert peut être chaud ou froid, mais le plus souvent il s'agit d'une région qui reçoit moins de 250 mm de pluie par an.

La savane

Les prairies tropicales faiblement arborées sont proches de l'équateur. On y observe deux saisons : la saison sèche et la saison des pluies.

Un oiseau répandu

On rencontre le balbuzard pêcheur sur tous les continents, sauf l'Antarctique. C'est l'un des oiseaux de proie les plus répandus.

Les animaux et nous

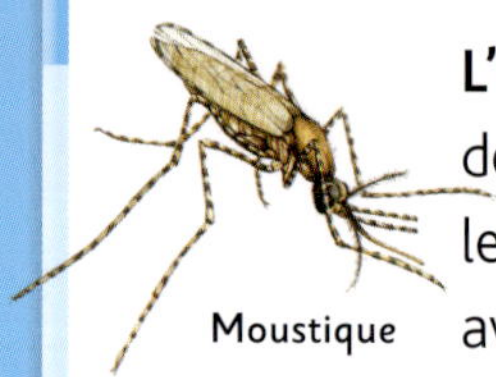

Moustique

L'HOMME a toujours exploité les autres animaux de bien des façons. Nous les chassons pour les manger et utilisons leur fourrure et d'autres parties de leur corps. Nous avons fait de certains des animaux de ferme ou de compagnie. Nombreux sont ceux qui travaillent pour nous : ânes, éléphants et chameaux portent de lourdes charges ; des chiens aident les aveugles et les handicapés, ou assistent la police et les services de secours. Mais d'autres animaux sont moins appréciés parce qu'ils propagent des maladies ou détruisent nos cultures.

Les chasseurs urbains

Les buses et les faucons s'adaptent à tout, et certains choisissent de vivre en ville. Avant de fondre sur leurs proies, il les repèrent depuis le toit des immeubles.

Les pilleurs de poubelles

Des animaux tels que les renards et les ratons laveurs ont appris à tirer le meilleur de la vie en ville et récupèrent nos déchets comestibles.

Travailleurs à bec rouge

Les oiseaux des villes

Les pigeons colonisent toutes les villes du monde. Au lieu de nicher sur des collines, ils s'installent sur les bâtiments et les toitures.

Les destructeurs de récoltes

Une volée de milliers, voire de millions, de travailleurs à bec rouge est capable de piller un champ de céréales en quelques minutes.

Les propagateurs de maladies

L'un des animaux les plus nuisibles, le rat d'égout, s'est répandu dans le monde entier. Il pille nos réserves alimentaires, tue d'autres animaux et transmet des maladies.

Le bétail

Nous élevons des bovins et d'autres animaux depuis au moins 8 000 ans. Ils nous fournissent de la viande, du lait, du cuir et de la fourrure.

Les animaux au travail

Les chiens de traîneau sont encore un moyen de transport dans certaines régions du Grand Nord, à tel point que les courses de traîneaux sont devenues un sport très apprécié.

Une nuée de criquets

Les locustes, ou criquets migrateurs, forment des essaims gigantesques qui dévastent les cultures. La nuée la plus nombreuse observée à ce jour comptait 40 milliards d'individus.

ADAPTATION

LES ANCÊTRES SAUVAGES

Des milliers d'années d'élevage sélectif nous ont permis de développer chez les animaux des caractéristiques correspondant précisément à nos besoins.

Le coq bankiva, espèce sauvage d'Asie du Sud et du Sud-Est, serait l'ancêtre de toutes nos poules domestiques.

Le cheval de Przewalski est le seul cheval sauvage encore en vie dans le monde. Il serait l'un des ancêtres des chevaux domestiques.

Les animaux en danger

LE TIGRE ET L'ORANG-OUTAN figurent sur la longue liste des animaux menacés de disparition. L'extinction de certaines espèces a toujours fait partie de la loi naturelle, mais, de nos jours, ce phénomène s'accélère de manière dramatique à cause des activités de l'homme. Il est vital de mener des opérations de sauvegarde pour préserver au moins quelques-unes des espèces en danger.

Le commerce d'animaux

D'innombrables espèces sont chassées illégalement, puis vendues comme animaux de compagnie ou découpées pour leurs cornes, leur carapace, leur peau. Ces activités destructrices constituent la deuxième menace la plus grave pour les animaux, après la perte de leur habitat.

La disparition de l'habitat

Le nombre d'orangs-outans est au plus bas. En effet, les forêts tropicales humides où ils résident sont rasées pour faire place à des plantations de palmiers à huile en particulier.

ADAPTATION

LISTE ROUGE L'orang-outan de Bornéo et les animaux ci-dessous sont en danger critique d'extinction : ceux qui vivent à l'état sauvage sont si peu nombreux que l'espèce pourrait disparaître bientôt. Ce type d'information est recueilli par l'Union internationale pour la conservation de la nature (UICN), qui dresse une « liste rouge » des espèces menacées.

Perroquet à ventre orange

Grenouille corroborée

Dauphin de Chine

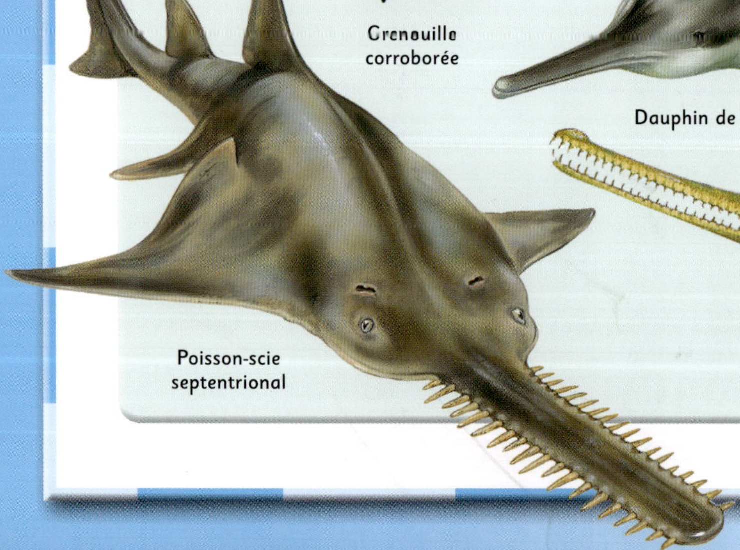

Poisson-scie septentrional

Gavial

Les zones humides urbaines

Près de Londres, une zone humide artificielle est devenue un refuge vital pour la faune sauvage. On y observe plus de 180 espèces d'oiseaux, ainsi que de petits mammifères, des chauves-souris et des insectes.

Les réserves naturelles

La population mondiale, toujours croissante, exerce une lourde pression sur les territoires. Or la disparition des habitats naturels est la principale menace pour les animaux. Les réserves naturelles et les parcs nationaux épargnent quelques parcelles sauvages, où les animaux et les plantes vivent en paix.

GROS PLAN

SAUVER LE CONDOR Ce magnifique oiseau ne pond qu'un œuf tous les deux ans, ce qui rend l'espèce vulnérable. Le condor des Andes (à droite) a disparu de certains sites de son aire de répartition et le condor de Californie a bien failli totalement s'éteindre. Ces deux espèces sont à présent élevées en captivité.

Pour augmenter les effectifs de l'espèce, des jeunes vautours, nés et élevés en captivité, ont été réintroduits dans leur milieu naturel.

L'Amérique du Nord

Le geai bleu est un visiteur fréquent des forêts d'Amérique du Nord.

LE NORD DU CONTINENT AMÉRICAIN revêt des aspects extrêmement variés. On y trouve des sommets enneigés, d'amples déserts, des plaines herbeuses, ainsi que d'imposantes forêts. L'agriculture et l'industrie ont rogné certaines zones naturelles comme les prairies, mais il reste d'immenses espaces sauvages, notamment de nombreux parcs nationaux de renommée internationale. Parmi les animaux les plus connus, citons le bison, l'antilope d'Amérique, les ours et les alligators.

Un chasseur furtif

Le puma, ou couguar, s'adapte assez facilement à des milieux très différents, qu'il s'agisse de forêts, de déserts ou de marais. Ce prédateur rusé chasse des biches, des lapins et des ratons laveurs.

Le puissant bison

Le bison est le plus gros animal terrestre d'Amérique du Nord. Il a été presque exterminé au XIXe siècle. De nos jours, des troupeaux plus petits parcourent de nouveau les plaines, où ils broutent de l'herbe et des arbrisseaux.

Médaille d'or

L'antilope d'Amérique est l'animal nord-américain qui court le plus vite. Dans la prairie, elle peut soutenir une vitesse de plus de 85 km/h sur plusieurs kilomètres.

LES ZONES NATURELLES

Les forêts du Nord voir pages *20-21*

Les montagnes Rocheuses voir pages *22-23*

Les Grandes Plaines voir pages *24-25*

Les déserts de l'Ouest voir pages *26-27*

Les forêts de l'Est voir pages *28-29*

Les plaines côtières voir pages *30-31*

GROS PLAN

LE PYGARGUE À TÊTE BLANCHE, emblème des États-Unis, est un rapace magnifique. Par le passé, il a pourtant été menacé d'extinction à cause de la chasse et des pesticides. Aujourd'hui protégé, il est de moins en moins rare. Son nid, l'un des plus grands nids d'oiseaux, atteint 3 m de diamètre.

Nid de pygargue à tête blanche

Les forêts du Nord

Bernache du Canada

LE NORD DU CONTINENT AMÉRICAIN est couvert de grandes étendues d'épicéas, de sapins et autres conifères. Malgré l'hiver long, froid et neigeux, la région abrite une belle variété de mammifères, en particulier des ours, des carcajous et des écureuils volants. L'été, de très nombreux oiseaux envahissent la forêt pour se régaler des insectes qui y abondent. D'une richesse exceptionnelle, le ruban de forêt qui longe le Nord-Ouest Pacifique renferme de magnifiques arbres à feuilles persistantes, dont les séquoias, qui figurent parmi les plus hauts et les plus anciens du monde.

Les lacs de forêt

Les forêts du Nord recèlent de nombreux lacs, étangs et autres zones humides qui sont autant de repaires pour les oiseaux aquatiques, canards, grues, martins-pêcheurs ou plongeons.

Le porc-épic d'Amérique

Ce porc-épic peut être couvert de 30 000 piquants, ce qui décourage de nombreux prédateurs. Bon grimpeur, il se nourrit d'écorces, de feuilles, de fruits et de bourgeons.

Un chasseur ambitieux

Le glouton, ou carcajou de son nom local, est le plus gros cousin de la belette. Il capture des lapins et autres rongeurs, mais aussi des proies bien plus grosses, comme le caribou. L'été, il mange des baies.

La migration des caribous

Les rennes, appelés *caribous* au Canada, passent l'hiver dans les forêts du Sud. L'été, ils regagnent les riches pâturages du Nord.

L'écureuil volant

Malgré son nom il ne vole pas vraiment, mais plane plutôt d'un arbre à l'autre. Quand il se jette dans le vide, il écarte les pattes, déployant ainsi la membrane qui longe ses flancs et lui sert de parachute.

ADAPTATION

SURVIVRE DANS LA NEIGE Certains animaux, tels le lynx du Canada et le lièvre d'Amérique, sont dotés de pattes particulièrement poilues pour mieux résister au froid. Comme des raquettes, elles les isolent et leur évitent de s'enfoncer dans la neige.

Lièvre d'Amérique

Lynx du Canada

Le pelage d'été du lièvre d'Amérique est brun. En hiver, cet animal devient blanc pour se camoufler dans la neige et échapper aux prédateurs comme le lynx.

Ils mangent de tout !

Les ours sont les plus gros carnivores d'Amérique du Nord. Mais la majeure partie de l'année ils se nourrissent surtout de noix, de baies et de feuilles. L'été venu, lorsque les saumons remontent les rivières pour aller pondre leurs œufs, les ours en profitent pour s'offrir un véritable festin.

EN DANGER ! Officiellement, la grue d'Amérique est une espèce menacée, mais à présent sa population s'accroît grâce à des mesures de protection et à la réintroduction dans la nature d'individus élevés en captivité. Cet oiseau est le plus grand d'Amérique du Nord.

Les montagnes Rocheuses

Crotale

LES SOMMETS des Rocheuses façonnent de fabuleux paysages tout le long de l'Ouest nord-américain. Du nord du Canada au Nouveau-Mexique, la chaîne s'étire sur près 5 000 km et atteint 4 390 m d'altitude. L'hiver y est rude, mais l'été est généralement doux, et les pluies sont abondantes presque partout. Certains des animaux les plus spectaculaires du continent vivent là, notamment des bisons, des loups gris et des pumas.

Des grimpeurs au pied sûr

La chèvre des Rocheuses est chez elle sur les hauteurs escarpées. Ses sabots parfaitement adaptés lui assurent adhérence et équilibre sur le rocher tandis que son pelage long et touffu l'isole des vents froids de l'hiver.

Le coyote

Plus petit qu'un loup, pourvu d'une queue plus touffue, le coyote est plus répandu dans le sud des Rocheuses, où les loups sont moins nombreux. Il se nourrit de lapins, de rongeurs et même d'insectes.

GROS PLAN

LA MEUTE Les loups gris forment des meutes menées par une femelle et un mâle dominants. Chacune rassemble de 8 à 10 individus en moyenne, mais peut en compter jusqu'à 20 quand les proies sont abondantes. Les loups chassent en groupe. Certains se tiennent en embuscade, pendant que d'autres rabattent de grands animaux, comme des cerfs ou des orignaux.

Louveteaux

ADAPTATION

UN BÂTISSEUR HORS PAIR Le castor du Canada est l'animal (hormis l'homme) qui modifie le plus son environnement. Il abat des arbres pour aménager des barrages sur les cours d'eau, creuse d'immenses mares et construit des abris pour loger ses petits et stocker ses réserves de nourriture.

Le castor se propulse sous l'eau grâce à ses pattes palmées et à sa queue aplatie, qui agit comme un gouvernail. Ses dents et sa mâchoire sont extrêmement puissantes.

EN DANGER ! Le crapaud boréal reste assez commun dans le nord des Rocheuses, mais il devient rare dans le Sud. Il passe presque tout son temps sous terre, où il se nourrit de vers, d'insectes et d'autres invertébrés.

Leçons de chasse

Les pumas vivent et chassent en solitaire, sauf les mères et leurs chatons. Dès l'âge d'environ 6 mois, les petits suivent leur mère à la chasse pour prendre des leçons.

Le merlebleu azuré

Ce bel oiseau est répandu dans toute la chaîne des Rocheuses. Friand d'insectes, il mange aussi des graines et des baies. Il niche dans les anfractuosités des troncs d'arbres.

Le mouflon

Très agile, le mouflon américain fuit les loups et les coyotes en escaladant les Rocheuses. Seuls les mâles ont d'épaisses cornes recourbées, qu'ils entrechoquent lors de féroces combats pour séduire les femelles.

Les Grandes Plaines

Sauterelle

AU CŒUR DE L'AMÉRIQUE DU NORD, les Grandes Plaines s'étendent sur 1 600 km d'est en ouest, entre le Missouri et les montagnes Rocheuses. La région, surnommée la Prairie, était autrefois une gigantesque étendue herbeuse où paissaient des troupeaux de bisons et d'antilopes. De nos jours, elle est exploitée pour l'agriculture et l'élevage, mais il reste quelques parcelles de prairie sauvage. Le climat y est plutôt sec, très chaud en été, froid et neigeux en hiver. Beaucoup de petits mammifères, d'oiseaux et d'insectes vivent là.

L'herbe des prairies

Les nombreuses variétés herbacées des Grandes Plaines offrent de copieux repas aux antilopes d'Amérique, entre autres. Dans les prairies sèches de l'Ouest, la végétation est plus rase que dans les zones humides de l'Est.

Le crapaud des plaines

Pour se cacher, ce crapaud s'enfouit dans la terre sableuse à l'aide de ses pattes postérieures en forme de pelle. À l'arrivée de pluies abondantes, il sort à la surface pour s'accoupler et pondre.

Imposant et puissant

Avec son encolure massive et son pelage broussailleux, l'impressionnant bison mesure au moins 2 m à l'épaule et pèse près de 1 tonne. Mâles et femelles forment des troupeaux séparés qui se rencontrent l'été, à la saison des amours.

Visiteurs saisonniers

La buse de Swainson passe l'été dans les Grandes Plaines, où elle chasse notamment des mammifères et des oiseaux. Quand vient l'hiver, elle parcourt plus de 10 000 km pour rejoindre l'Amérique du Sud.

Le grand duc d'Amérique

Ce hibou niche dans des arbres, sur des bâtiments ou à flanc de falaise. La femelle pond de 1 à 4 œufs, puis le couple nourrit les oisillons de lapins, d'écureuils, d'oiseaux et d'autres petites proies pendant au moins 6 semaines.

EN DANGER ! Autrefois répandu dans les Grandes Plaines, le putois à pieds noirs a failli disparaître au XXe siècle. L'espèce est aujourd'hui protégée, et des jeunes, élevés en captivité, ont été réintroduits dans la nature.

La choriste des prairies

La sturnelle de l'Ouest est commune dans la Prairie. Avec son bec fin, elle collecte des graines de céréales et attrape des insectes.

Profession : terrassier

Trapu et musclé, le blaireau d'Amérique creuse le sol efficacement pour s'y aménager un abri souterrain où il passe presque tout l'hiver.

GROS PLAN

INFATIGABLES FOUISSEURS Les chiens de prairie sont des rongeurs, comme les rats et les souris. Ces petits animaux vivent en colonie et construisent des refuges souterrains complexes pourvus de nombreuses pièces et galeries. Leurs terriers comprennent des salles pour dormir, soigner leurs petits et même faire leurs besoins. Ils travaillent en équipe pour se nourrir et se protéger. Herbe, racines et graines assurent leur subsistance.

L'herbe est un aliment essentiel.

L'athlète aux grandes oreilles

Le lièvre de Californie court très vite et fait des bonds considérables grâce à ses longues pattes postérieures.

Les déserts de l'Ouest

Souris-sauterelle

ON DISTINGUE DEUX TYPES de déserts dans l'Ouest américain. Dans le Sud s'étendent les déserts chauds de Mojave, de Sonora et de Chihuahua. L'été y est torride et il y pleut rarement. Chacun d'eux accueille une végétation spécifique, comme les arbres de Josué du désert de Mojave et les prosopis du Chihuahua. Même les animaux sont particulièrement bien adaptés aux conditions arides. Au nord de ces trois déserts chauds, le Grand Bassin est un désert froid. L'armoise tridentée est la plante typique de ce territoire sec et montagneux.

Le serpent du désert

Ce crotale se déplace sur le sable en exerçant une pression au niveau de sa tête et de la pointe de sa queue, et en effectuant avec le reste de son corps des mouvements latéraux. Il laisse derrière lui une série d'empreintes parallèles.

Le saguaro

Ce cactus domine le paysage du désert de Sonora. Il pousse lentement, mais peut vivre plus de 100 ans et atteindre 15 m de hauteur à cet âge.

Le combat des tortues

Les tortues du désert se nourrissent d'herbes coriaces, plutôt le matin et le soir pour bénéficier de la fraîcheur. La journée, elles se réfugient à l'ombre de leur terrier. Quand deux mâles se rencontrent, ils se battent sans pitié. Le vainqueur est celui qui réussit à retourner l'autre.

Un oiseau butineur

C'est en vol stationnaire que le colibri de Costa aspire le nectar des fleurs du désert. Il mange aussi de minuscules insectes et araignées.

ADAPTATION

TOUJOURS AU FRAIS De nombreux prédateurs du désert se tiennent à l'abri pendant les heures chaudes pour ne sortir que le soir, quand la température baisse. La peau épaisse et écailleuse des serpents contribue à réduire leur déshydratation.

Crotale diamantin

Le redoutable scorpion tue sa victime en lui injectant du venin avec l'aiguillon à la pointe de sa queue.

Le chuckwalla

En cas d'attaque, ce lézard herbivore utilise une drôle de ruse : il se faufile entre deux rochers et se gonfle d'air au point qu'il est impossible de le déloger.

Le rat-kangourou

Ce minuscule animal peut vivre sans boire une goutte d'eau. L'humidité des graines et des végétaux qu'il consomme suffit à combler ses besoins.

GROS PLAN

L'EAU DANS LE DÉSERT Quand il pleut, le saguaro stocke dans sa pulpe charnue d'importantes quantités d'eau, en prévision des jours plus secs. Ce cactus offre le gîte et le couvert aux oiseaux, comme le pic des saguaros et la chevêchette des saguaros, qui nichent dans ses bras et se nourrissent des insectes vivant sur la plante.

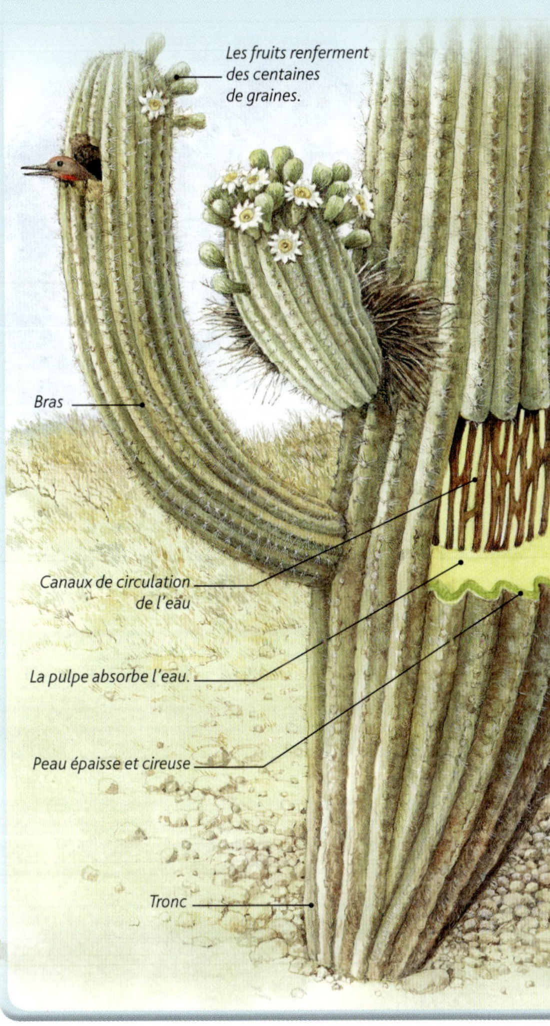

Pic des saguaros

La veuve noire

Cette araignée particulièrement venimeuse ne chasse que des insectes. Elle mord accidentellement les humains par réflexe de défense.

EN DANGER ! Le monstre de Gila est un grand lézard de 60 cm de long. C'est aussi l'un des rares lézards venimeux dans le monde. À cause de la disparition de son habitat et des collectionneurs, sa population diminue.

Les forêts de l'Est

Raton laveur

CES FORÊTS sont principalement constituées d'arbres à feuillage caduc tels les chênes, les érables et les hêtres. Elles couvraient autrefois toute la côte est de l'Amérique du Nord, mais de vastes espaces ont été rasés pour implanter des villes et des terres agricoles. Outre de magnifiques arbres, les forêts d'aujourd'hui se composent d'une large variété d'arbustes et de buissons, de champignons et de fougères. Elles abritent aussi une riche vie sauvage, en particulier quantité d'oiseaux et d'amphibiens. Dans cette région, l'été est long et chaud, le printemps et l'automne sont doux, mais l'hiver peut être rigoureux. Il pleut tout au long de l'année, au grand bénéfice de la vie végétale.

Les forêts en automne

En automne, les arbres décidus affichent de belles teintes jaunes, or et rouges quand leur feuillage s'apprête à tomber. Certains oiseaux partent alors vers le sud, mais le cardinal rouge, lui, réside là toute l'année.

Le dindon sauvage

Capable de voler, ce grand oiseau trouve presque toute sa nourriture sur le sol de la forêt. S'il adore les glands, il mange aussi des herbes, des graines et des insectes.

GROS PLAN

Tamia en hibernation

HIBERNATION Dans cette région, l'hiver est parfois glacial et l'hibernation permet à certains animaux d'y résister. Ainsi, les tamias passent plusieurs mois au chaud dans leur terrier. Ils abaissent la température de leur corps et ralentissent les battements de leur cœur afin d'économiser le plus d'énergie possible.

Opossum de Virginie

Excellent grimpeur, ce marsupial passe presque tout son temps dans les arbres. Il se nourrit de tout, qu'il s'agisse de noix, de petits animaux, d'ordures ou de charognes.

ADAPTATION

L'ENTRAIDE Très répandus dans ces forêts, les chênes produisent des glands qui nourrissent toutes sortes d'animaux, dont les cerfs, les souris et les tamias. Ces derniers mangent aussi des bombyx ; cela soulage le chêne, car la chenille de ce papillon engloutit d'énormes quantités de ses feuilles.

Cerf de Virginie

Tique du cerf

Tamia

Glands

Bombyx

Souris
à pieds blancs

S'il y a abondance de glands, les cerfs se régalent… mais aussi les tiques qui parasitent ces derniers. Les tiques sont porteuses de la maladie de Lyme, dangereuse pour l'homme.

Les salamandres de forêt

On trouve plus de salamandres dans ces forêts que partout ailleurs dans le monde. Elles vivent dans les rivières ou au bord des ruisseaux, cachées dans des trous humides de troncs ou de rochers. La plupart mangent des insectes, des vers et autres petits organismes.

Un parfum repoussant

En cas d'attaque, la moufette rayée relève la queue et projette un liquide gras et malodorant provenant de ses glandes anales. Ainsi repoussés, ses prédateurs prennent le réflexe de se tenir à l'écart.

Sommeil hivernal

L'été, la marmotte du Canada se goinfre de feuilles, de baies et d'herbe. Puis elle se retire dans son terrier, où elle dort tout l'hiver.

Rapide comme l'éclair

Le museau de la taupe à nez étoilé est entouré de vingt-deux tentacules très sensibles qui lui servent à repérer ses proies, sur terre ou dans l'eau, à une vitesse stupéfiante.

Les plaines côtières

Tortue de Floride

LES MARAIS de Louisiane, la zone humide des Everglades en Floride, les longues plages de sable de la côte atlantique caractérisent cette région relativement plate des États-Unis. Elle est aujourd'hui très peuplée, et ses terres ont été rongées par l'agriculture et l'industrie, mais les régions naturelles préservées recèlent encore de nombreuses espèces. Alligators, poissons et tortues pullulent dans les marais. D'immenses volées d'oiseaux font étape sur le littoral lors de leur migration saisonnière.

Les oiseaux des marais

Les roselières d'eau douce accueillent des oiseaux comme le bihoreau gris qui nichent et s'abritent entre les roseaux.

Le mocassin

Assez répandu dans les marais, les rivières et les zones humides de la région, ce gros serpent aux mœurs aquatiques inflige une morsure venimeuse aux poissons, aux grenouilles et aux oiseaux, dont il se nourrit.

Superprédateur

Armé de puissantes mâchoires pourvues de dents acérées, l'alligator américain est capable d'attraper et de tuer à peu près n'importe quel animal. Il guette ses proies à l'affût sous l'eau, ne laissant émerger que ses yeux et ses narines.

ADAPTATION

L'HABITAT DES ESPÈCES SAUVAGES Dans cette région, d'immenses jonchères longeaient jadis les cours d'eau et les criques, mais il n'en reste que des zones éparses. De nombreux oiseaux et petits mammifères y résident, bien à l'abri des prédateurs. Les feuilles des joncs nourrissent toutes sortes de chenilles.

Amateur d'escargots

Les escargots constituent le mets favori du milan des marais, dont le bec est parfaitement adapté à ce régime alimentaire. Il saisit la coquille entre ses serres, puis il y glisse son bec pour en extraire le mollusque.

Brouteur aquatique

Le paisible lamantin, ou vache marine, vit dans les eaux côtières et pénètre parfois dans les estuaires et rivières de Floride. Il se nourrit d'herbes aquatiques et d'algues.

L'élégante aigrette

Cette jolie cousine du héron réside à proximité des marais, des étangs et sur le littoral. Avec son long bec effilé, elle capture petits crustacés et poissons.

La cuirasse du tatou

Le corps du tatou à neuf bandes est protégé par des plaques cornées qui le rendent très difficile à attaquer. Il gratte le sol en quête d'insectes et nage aussi très bien.

L’Amérique centrale et du Sud

LE PLUS LONG FLEUVE DU MONDE et le lac à la plus haute altitude figurent parmi les merveilles de l’Amérique du Sud. Ce continent, le quatrième par sa superficie, combine des paysages variés : forêts tropicales luxuriantes, vastes prairies vallonnées, majestueuse cordillère des Andes. L’Amérique centrale est une passerelle étroite qu relie l’Amérique du Nord et l’Amérique du Sud. Elle abrite, elle aussi, une incroyable biodiversité.

GROS PLAN

LES ÎLES GALÁPAGOS Ces îles du Pacifique, au large de l’Équateur, accueillent d’étranges reptiles uniques au monde, dont la tortue géante (la plus grande de toutes) et l’iguane marin (le seul lézard marin).

Tortue géante

Iguane marin

Kinkajou
voir page 35

Tortue imbriquée
voir page 45

Ara rouge
voir page 35

Hoazin
voir page 36

Toucan toco
voir page 34

Étreinte mortelle

Le boa constrictor, comme son cousin géant l’anaconda, ne tue pas ses proies avec du venin mais en les enserrant au point de les étouffer.

Les papillons des forêts

Les resplendissants morphos bleus volettent dans les forêts tropicales humides. Il y a plus de papillons en Amérique du Sud que dans le reste du monde.

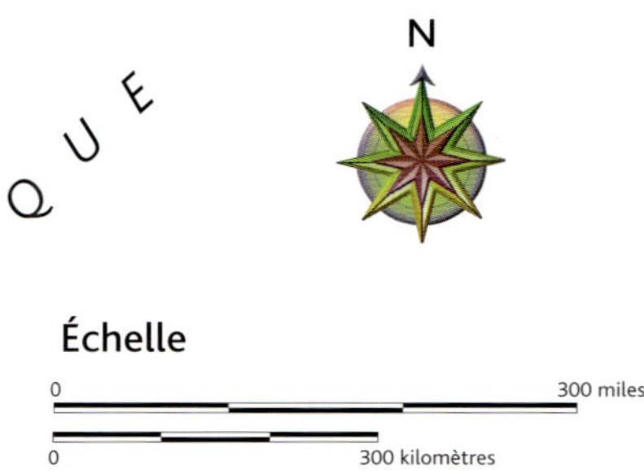

LES ZONES NATURELLES

L'Amérique centrale ▶ voir pages *34-35*

La forêt amazonienne ▶ voir pages *36-37*

Les Andes ▶ voir pages *38-39*

Le Gran Chaco ▶ voir pages *40-41*

La Patagonie ▶ voir pages *42-43*

Les Caraïbes ▶ voir pages *44-45*

La faune aviaire

Ce bel amazone aourou ne représente que l'une des milliers d'espèces d'oiseaux qui vivent en Amérique du Sud, des énormes condors aux minuscules colibris irisés.

L'Amérique centrale

Morpho bleu

L'ÉPAISSE FORÊT TROPICALE qui couvrait presque toute l'Amérique centrale a été en grande partie abattue et remplacée par des villes et des terres agricoles. Dans les régions où persiste la forêt résident d'innombrables espèces d'insectes, de serpents, de grenouilles, de singes et d'oiseaux vivement colorés. Dans cette jungle, la chaleur et l'humidité constantes favorisent le foisonnement de la vie végétale.

Quetzal au nid

Le quetzal

À la saison des amours, les plumes de la queue du quetzal mâle atteignent 70 cm de long. Après avoir séduit une femelle, l'oiseau aménage un nid dans l'anfractuosité d'un tronc d'arbre.

Sous les nuages

Les forêts de nuages sont en altitude sur le flanc des montagnes. Continuellement drapées de brume, elles sont plus fraîches que les autres forêts tropicales.

La rainette arboricole

Cette minuscule grenouille passe presque toute sa vie dans les arbres. Elle les escalade grâce aux doigts de ses pattes, dont la face inférieure est équipée de disques adhérents qui l'empêchent de tomber

GROS PLAN

FRAIS COMME UN TOUCAN On a longtemps pensé que le long bec des toucans était destiné à atteindre les fruits au bout des branches. Aujourd'hui, les biologistes pensent qu'il sert plutôt à réguler leur température : l'oiseau serait capable d'augmenter le flux sanguin vers son énorme bec afin d'abaisser la température de son corps.

Toucan à carène
Toucan ariel
Toucan toco

Le félin de la jungle

Le plus grand félin d'Amérique centrale et du Sud, le jaguar, est aussi l'un des plus redoutables prédateurs de la jungle. Les biches, les pécaris et les tapirs sont ses proies principales, mais il dévore aussi poissons et tortues.

Vivre dans la canopée

La plupart des animaux de la jungle vivent dans la canopée, c'est-à-dire en haut des arbres. Beaucoup ne posent quasiment jamais une patte à terre. L'un de leurs prédateurs est la harpie féroce, une sorte d'aigle mangeur de singes et de paresseux. D'autres oiseaux, tels les toucans et les aras, se délectent de fruits et de noix.

La queue du kinkajou est presque aussi longue que son corps.

Une queue préhensile

Très agile, le kinkajou escalade les arbres et se suspend aux branches en y enroulant sa queue préhensile. Elle l'aide aussi à garder l'équilibre.

On l'entend de loin

De tous les singes, le hurleur mâle est celui qui crie le plus fort : sa voix tonitruante porte à 5 km ! Il demande ainsi aux autres singes de se tenir à l'écart.

Le dendrobate dépose chaque têtard dans une cuvette différente.

Les feuilles en bouquet compact forment un réservoir d'eau de pluie.

Piscine à l'étage

Vivre dans les arbres, comme ce dendrobate (petite grenouille venimeuse), tient éloigné des cours d'eau. Heureusement ses têtards peuvent grandir en sécurité dans le creux des broméliacées, où s'accumule l'eau de pluie.

La forêt amazonienne

Singes-araignées

LA PLUS GRANDE forêt tropicale du monde s'étend sur neuf États dans le nord de l'Amérique du Sud. Constamment chaud et humide, ce milieu naturel est le plus riche de tous. Il abrite une prodigieuse variété d'animaux, représentant près d'un tiers des espèces de la planète. Et, selon les experts, de nombreux animaux et végétaux restent à découvrir.

L'indomptable Amazone

Les experts débattent encore pour savoir si le plus long fleuve du monde est l'Amazone ou le Nil. En tout cas, l'Amazone a le plus fort débit. Il court sur 6 400 km et traverse la forêt amazonienne jusqu'à l'Atlantique.

Un dauphin d'eau douce

Le dauphin d'Amazonie est l'un des rares dauphins à ne pas vivre en mer. Sur son rostre, allongé comme un bec, des poils sensibles l'aident à localiser ses proies dans l'eau trouble des rivières.

L'hoazin

L'hoazin est l'un des rares oiseaux à ne manger pratiquement que des feuilles. Son système digestif est adapté à ce régime particulier.

Mesure de sûreté

Les motifs de son pelage soustraient le jeune tapir au regard des prédateurs dans le sous-bois tacheté de lumière. Les rayures et les taches disparaissent à l'âge de 1 an.

L'anaconda

L'un des chasseurs les plus implacables de l'Amazone est l'anaconda, le plus long et le plus lourd de tous les serpents. Capable d'ingurgiter d'énormes proies entières, il passe parfois, après un repas copieux, plusieurs mois à digérer.

GROS PLAN

LA HARPIE FÉROCE
Cet aigle, l'un des plus grands et des plus puissants, chasse grâce à ses serres impressionnantes pouvant atteindre 13 cm de long. La harpie vole habilement entre les arbres de la forêt pour traquer ses proies, des singes ou des paresseux par exemple.

La fourrure du paresseux doit sa couleur verdâtre aux algues qui s'y développent.

Les strates forestières
La forêt tropicale se divise en différents étages, chacun regroupant des végétaux et des animaux spécifiques. La canopée et la strate moyenne abritent la plupart des animaux, dont de nombreux singes et oiseaux. Le tapis forestier est l'espace le moins fréquenté.

Le paresseux à trois doigts
Les paresseux quittent très rarement les arbres, auxquels ils se suspendent grâce à leurs longues griffes. Au sol, ils ne savent que ramper.

Un chasseur camouflé
L'ocelot est un superbe chasseur de la jungle. Son pelage tacheté le rend invisible parmi les feuillages. Habile grimpeur, il est aussi bon nageur.

Le caïman noir
Membre de la famille des crocodiles, le caïman vit dans l'Amazone, où il se nourrit de poissons et de mammifères, des cabiais (ou cochons d'eau) par exemple. Il dépasse parfois 4 m de long.

Les Andes

Colibri estelle

LA CORDILLÈRE DES ANDES, la plus longue chaîne montagneuse du monde, s'étire sur plus de 8 000 km dans l'ouest de l'Amérique du Sud. Des forêts de nuages sur ses flancs inférieurs aux plateaux désertiques et aux pics vertigineux, elle offre des paysages variés. Des espèces animales et végétales extraordinaires y vivent, dont la moitié n'existent nulle part ailleurs.

Rudesse et beauté

Voisin de l'équateur, le nord des Andes bénéficie d'un climat doux. Vers le Sud, où le climat est plus froid, le paysage se fait plus escarpé et austère.

Le manteau du chinchilla

La fourrure épaisse et douce du chinchilla le protège du froid. C'est aussi la principale raison de sa rareté, car il était autrefois beaucoup chassé.

Le fourmilier géant

Aussi appelé *tamanoir*, cet animal est parfaitement adapté à son régime de fourmis et de termites. Il lacère leurs nids avec ses puissantes griffes et récolte les insectes d'un coup de langue gluante. Il peut en avaler 30 000 par jour.

Le sarcoramphe roi

Ce charognard brise des carcasses avec son bec crochu, puis il plonge sa tête déplumée dans le cadavre pour se nourrir.

Un prédateur malin

Le renard des Andes tue de petits mammifères, mais aussi des volailles et autres animaux d'élevage ; il est donc peu apprécié des fermiers.

N

ADAPTATION

EN ALTITUDE Le guanaco, la vigogne et leurs cousins domestiques (lamas et alpagas) sont faits pour vivre en montagne. Un pelage épais leur tient chaud, et leur cœur et leurs poumons surdimensionnés augmentent leur capacité à absorber l'oxygène, plus rare en altitude.

Le lama a deux épaisseurs de poils : une sous-couche de fin duvet recouverte d'une couche de poils plus longs et plus épais.

Un charognard

Le condor des Andes est l'un des plus grands oiseaux volants. Il plane pendant des kilomètres par-dessus les montagnes en quête d'animaux morts dont il se nourrit.

Les parades

À la saison des amours, le coq de roche péruvien exécute une spectaculaire danse de séduction. Les couples aménagent leur nid dans les falaises rocheuses.

Le tapir des Andes

Le tapir grimpe et nage très bien, utilisant son museau préhensile comme un tuba. Il est herbivore.

EN DANGER ! L'ours à lunettes, l'un des plus petits de tous, est à présent rare et menacé d'extinction. Chaque individu est unique, reconnaissable à ses marques faciales.

Le poudou

Le poudou mesure à peine 40 cm à l'épaule et pèse à peu près deux fois le poids d'un chat. C'est le plus petit cervidé du monde.

E

S

Le Gran Chaco

Grenouille paradoxale

LA VASTE PLAINE du Gran Chaco est bordée à l'ouest par la cordillère des Andes. Isolée et sauvage, elle est couverte de prairies d'herbes hautes et de forêts broussailleuses. Les routes et les villes y sont rares, mais la vie animale y abonde. Le nom *Chaco* vient du quechua *chaku*, « terrain de chasse ». Au moins dix-huit espèces de tatous vivent là, et c'est aussi l'un des derniers hauts lieux de la présence du nandou.

Survivre à la chaleur

L'été, cette région est l'une des plus chaudes d'Amérique du Sud. Les plantes doivent donc s'adapter pour survivre. Le toborochi est un arbre commun dont le tronc renflé lui sert de réserve d'eau.

Le loup à crinière

Ce canidé possède des pattes particulièrement longues. Cela lui permet de se déplacer facilement et de voir loin dans les hautes herbes.

GROS PLAN

UNE SOLIDE ARMURE Le tatou porte sur le dos une véritable armure constituée de plaques cornées, dont le nombre varie en fonction de l'espèce. Un tatou à six bandes (ci-contre) peut avoir entre six et huit bandes. Il se régale de fourmis et de termites qu'il débusque de leur nid à l'aide de ses griffes.

Seul le tatou à trois bandes se roule en boule en cas d'attaque.

La chevêche des terriers

Cette chouette est capable de creuser son propre refuge, mais elle s'installe souvent dans les trous aménagés par les tatous. Elle chasse au sol et consomme les insectes et autres petits animaux, qu'elle attrape avec ses pattes.

Le singe de nuit

Également nommé *douroucouli*, ce singe dort le jour et s'active le soir. Ses yeux énormes l'aident à dénicher dans l'obscurité les insectes et les fruits dont il se nourrit.

ADAPTATION

CHAMPION DE COURSE Le nandou est le plus gros oiseau d'Amérique du Sud. Il ne vole pas, mais, grâce à ses longues pattes, il échappe à ses prédateurs en courant jusqu'à 60 km/h, les ailes assurant son équilibre pendant la course. Il est assez grand pour voir loin par-dessus les hautes herbes.

Dotées de trois doigts, les pattes du nandou possèdent des muscles puissants lui permettant de courir vite.

EN DANGER ! Le pécari du Chaco ne vit que dans cette région d'Amérique du Sud. Considérablement chassé, il risque de disparaître. Les cactus, abondants ici, constituent son repas principal, qu'il complète avec des racines, des fruits et parfois de petits mammifères.

La merganette des torrents

Résidant à proximité des cours d'eau vive, cet oiseau est un nageur vigoureux. Il plonge même dans les courants les plus turbulents pour s'emparer d'insectes et de mollusques

Chose rare chez les oiseaux, c'est le tinamou mâle qui couve.

Le tinamou

Les tinamous vivent au sol. Ils savent voler, mais préfèrent trottiner. Il en existe de nombreuses espèces qui se nourrissent toutes de racines, de graines, de fruits et d'insectes.

La Patagonie

Manchots de Magellan

CETTE TERRE AU RELIEF TOURMENTÉ forme l'extrémité sud de l'Amérique. Elle est composée de vastes plaines balayées par les vents, de hautes montagnes, de déserts et de forêts. Entre hiver glacial et été brûlant, vivre ici relève du défi. D'ailleurs peu d'hommes y habitent. Mais la faune sauvage y est abondante : renards, chats sauvages, rongeurs endémiques... Les éléphants de mer, les manchots de Magellan et les gorfous dorés viennent sur les côtes de Patagonie pour se reproduire.

Les herbages

Les sommets enneigés des Andes dominent les hautes prairies typiques du paysage patagonien. Les guanacos et d'autres animaux viennent y paître.

Le brassemer

Ce canard doit son nom à sa manière de battre des ailes et d'agiter les pattes pour se propulser sur l'eau.

GROS PLAN

POIDS LOURD L'éléphant de mer austral est le plus gros de tous les phoques : certains mâles atteignent 6 m de long. Le mâle a une narine en forme de trompe, qu'il gonfle pour crâner devant ses adversaires avant de provoquer de féroces combats. Aussi bon nageur que plongeur, l'animal passe presque tout son temps dans l'eau. Il gagne néanmoins la terre ferme pour s'accoupler et mettre bas.

La femelle de l'éléphant de mer est beaucoup plus petite que le mâle.

Un voleur volant

Le caracara huppé, sorte de faucon, est un rapace redoutable. Il se nourrit surtout de carcasses, mais dérobe aussi les prises d'autres prédateurs ou tue lui-même ses propres proies.

Le chat de Geoffroy

Ce félin s'adapte à de nombreux habitats. Il grimpe aux arbres grâce à ses griffes robustes et chasse, le plus souvent la nuit, de petites proies telles que des oiseaux, des lézards et des insectes.

ADAPTATION

DES RONGEURS PEU COMMUNS Le mara ressemble à une biche miniature, mais c'est un rongeur de la famille du cochon d'Inde. Ses longues pattes lui permettent de courir et de sauter sur les terrains accidentés. La viscache est un rongeur bien plus petit qui file très vite sur les rochers. L'un et l'autre sont herbivores.

Viscache des plaines

Viscache australe

Mara de Patagonie

EN DANGER ! La grenouille de Darwin, découverte par Charles Darwin en personne, se raréfie à cause de la disparition de son milieu forestier. Le mâle protège les têtards dans son sac vocal jusqu'à leur métamorphose.

Les pumas de Patagonie

Les pumas, ou lions des montagnes, sont les plus gros carnivores de Patagonie. Leur proie principale est le guanaco, mais ils chassent aussi des rongeurs, des lapins et autres petits animaux.

Le renard des Andes

Ce petit canidé vit en famille. Le père se charge du ravitaillement en nourriture le temps que les petits grandissent. Puis, vers 3 mois, les renardeaux accompagnent leurs parents à la chasse.

Les Caraïbes

Todier de Cuba

LES EAUX LIMPIDES de la mer des Caraïbes couvrent environ 2 754 000 km². Il fait chaud toute l'année, et l'eau atteint une température moyenne de 27 °C, ce qui est idéal pour le développement de récifs coralliens. La mer renferme bien d'autres invertébrés et plus de 500 espèces de poissons. Sur les îles, on observe une très grande variété d'oiseaux, de reptiles et d'amphibiens, dont beaucoup deviennent rares.

Les îles des Caraïbes

La mer des Caraïbes est semée de plus de 7 000 îles, îlots et récifs qui s'étendent sur plus de 4 000 km. Au moins la moitié des plantes et des animaux présents sont endémiques.

Le poisson-papillon

Grâce à sa mâchoire proéminente, il capture de petits organismes dans les anfractuosités du corail. Sa tache en forme d'œil trouble ses prédateurs.

De grandes dents

Les dents du poisson-perroquet sont solidement fixées sur une sorte de bec. Il s'en sert pour broyer les coraux, dont il se nourrit.

Polypes de corail

Les récifs de corail

Une étonnante collection d'animaux trouve refuge parmi les coraux. Le récif lui-même est constitué de millions de squelettes de polypes, qui sont les cousins des anémones de mer.

Le strombe géant

Ce gros organisme marin est un mollusque, un genre d'escargot. Il atteint environ 30 cm de long.

Le poulpe gris

Ce poulpe sort la nuit pour chasser des crustacés et de petits poissons. Parfois, il déploie ses huit tentacules comme une voile pour piéger ses proies.

EN DANGER !

La tortue imbriquée est en danger critique d'extinction. Comme toutes les tortues, elle souffre de la disparition des sites où elle pond et se nourrit. Elle est aussi piégée par les filets à poissons et chassée pour sa carapace.

Le requin de récif

Long et effilé, ce requin est l'un des plus répandus des Caraïbes. Il nage entre les coraux pour se nourrir de petits poissons. Il atteint parfois 3 m de long.

GROS PLAN

MORSURE FATALE Le solénodonte est l'un des rares mammifères venimeux dans le monde. Il tue ses proies (insectes et serpents) en leur infligeant une morsure venimeuse. Il en existe deux espèces : l'une à Cuba, l'autre sur l'île d'Haïti.

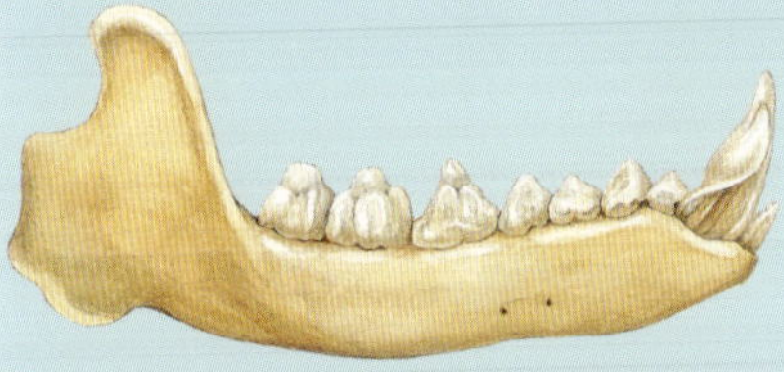

Quand le solénodonte mord, le venin sécrété par des glandes spéciales, est injecté à la proie par les sillons de ses incisives.

Mangeur de crabes

Pour trouver sa subsistance, l'ibis rouge, fréquent sur le littoral caraïbe, inspecte le sable et les eaux peu profondes avec son long bec recourbé. Il doit sa couleur aux crevettes et aux crustacés qu'il mange.

L'Europe

D'IMMENSES FORÊTS couvraient autrefois une grande partie de l'Europe, avant-dernier continent en termes de superficie. Quelques-unes subsistent, surtout dans le Nord, mais beaucoup ont disparu au profit de l'agriculture et de l'urbanisation. Les grands prédateurs tels que les ours et les loups sont devenus rares, mais les renards, les belettes et autres petits carnivores restent présents, ainsi que les herbivores, par exemple les cerfs et les mouflons. N'oublions pas les nombreux oiseaux, des aigles aux oiseaux chanteurs de nos jardins.

Le renard roux

Ce prédateur est commun dans toute l'Europe, en Asie et en Amérique du Nord. C'est même le membre le plus répandu de la famille des canidés.

Un félin menacé

Il y a dix ans, on ne comptait qu'une centaine de lynx pardelles (ou lynx d'Espagne) à l'état sauvage. Des mesures de protection et d'élevage en captivité ont permis de tripler ce nombre.

Blaireau
voir page 51

Marmotte
voir page 55

Poulpe
voir page 59

GROS PLAN

INFATIGABLES BUTINEUSES Les abeilles européennes vivent en colonies de plusieurs milliers d'individus. Les ouvrières construisent la ruche, puis elles collectent le nectar et le pollen des fleurs pour nourrir leurs semblables. Le nectar est transformé en miel tandis que le pollen nourrit les jeunes abeilles.

L'abeille aspire le nectar avec sa trompe.

Abeille ouvrière

Les alvéoles de la ruche servent à stocker le miel, à recevoir les œufs et à héberger les jeunes abeilles.

LES ZONES NATURELLES

Les forêts décidues voir pages *48-49*

Les forêts de conifères voir pages *50-51*

Les vallées fluviales voir pages *52-53*

Les chaînes montagneuses voir pages *54-55*

Les zones humides voir pages *56-57*

La Méditerranée voir pages *58-59*

Les forêts décidues

Mésange bleue

LES ARBRES DÉCIDUS perdent leurs feuilles en automne et en développent de nouvelles au printemps suivant. Les chênes, les hêtres, les châtaigniers et les ormes sont les principales espèces qui peuplent les dernières régions boisées d'Europe. Elles offrent le gîte et le couvert à une faune nombreuse. Certains oiseaux et insectes se nourrissent de feuilles et de fruits à la cime des arbres, tandis que les oiseaux terrestres, les blaireaux et les rongeurs fouillent le sol. À l'automne, les noix, abondantes, permettent à certains animaux de passer l'hiver sans manquer de nourriture.

Les fleurs forestières

Les floraisons printanières – celle des jacinthes par exemple – attirent les insectes, qui feront le repas des oiseaux migrateurs, de retour en Europe à cette période de l'année.

Le daim commun

Généralement, les mâles et les femelles forment des groupes séparés. En automne, les mâles s'affrontent au cours de violents combats afin de gagner les faveurs des femelles.

Le pivert

Avec son bec pointu, ce grand pic très coloré extrait les insectes des troncs d'arbres et, au sol, déterre les fourmis. Il les avale ensuite avec sa longue langue.

Le blaireau d'Eurasie

Les blaireaux vivent en famille dans des terriers. Ils sortent le soir pour se nourrir. Ils adorent les vers de terre, mais ils mangent aussi des insectes, de petits mammifères et des baies.

ADAPTATION

LES PAPILLONS DES BOIS Parmi les 576 espèces de papillons d'Europe, beaucoup vivent dans les bois, où leurs chenilles trouvent une profusion de feuilles pour se développer.

Le sanglier

Ce vif cochon sauvage est l'ancêtre des porcs d'élevage. Il se nourrit habituellement la nuit et de tout ce qu'il trouve, baies ou petites proies. Il peut se montrer agressif s'il est dérangé.

Le geai des chênes

Les sous-bois résonnent souvent du chant criard du geai. Il se nourrit de petits oiseaux, de leurs œufs et d'autres animaux.

La forêt décidue

Un seul arbre peut assurer la subsistance d'une foule d'animaux. Les écureuils et les oiseaux nichent dans ses anfractuosités et se nourrissent sur ses branches et son tronc. Au pied de l'arbre, la terre meuble facilite le travail des fouisseurs, tels les blaireaux et les taupes.

EN DANGER ! L'écureuil roux est fréquent dans une grande partie de l'Europe. Toutefois, au Royaume-Uni et en Italie, il souffre de l'introduction de l'écureuil gris, venu des États-Unis.

Les forêts de conifères

Fourmi rousse

L'HIVER EST LONG ET FROID dans les forêts d'Europe du Nord, mais les conifères tels que les pins et les sapins résistent aux basses températures. Leurs feuilles en de minuscules aiguilles contiennent peu de sève, ne gèlent pas et ne tombent pas en automne, contrairement à celles des arbres décidus. Certains grands mammifères, comme les cerfs, vivent toute l'année dans les bois, alors que de nombreux oiseaux vont passer l'hiver dans le Sud. Ils reviennent au printemps, quand les insectes pullulent dans la forêt et leur assurent un copieux festin.

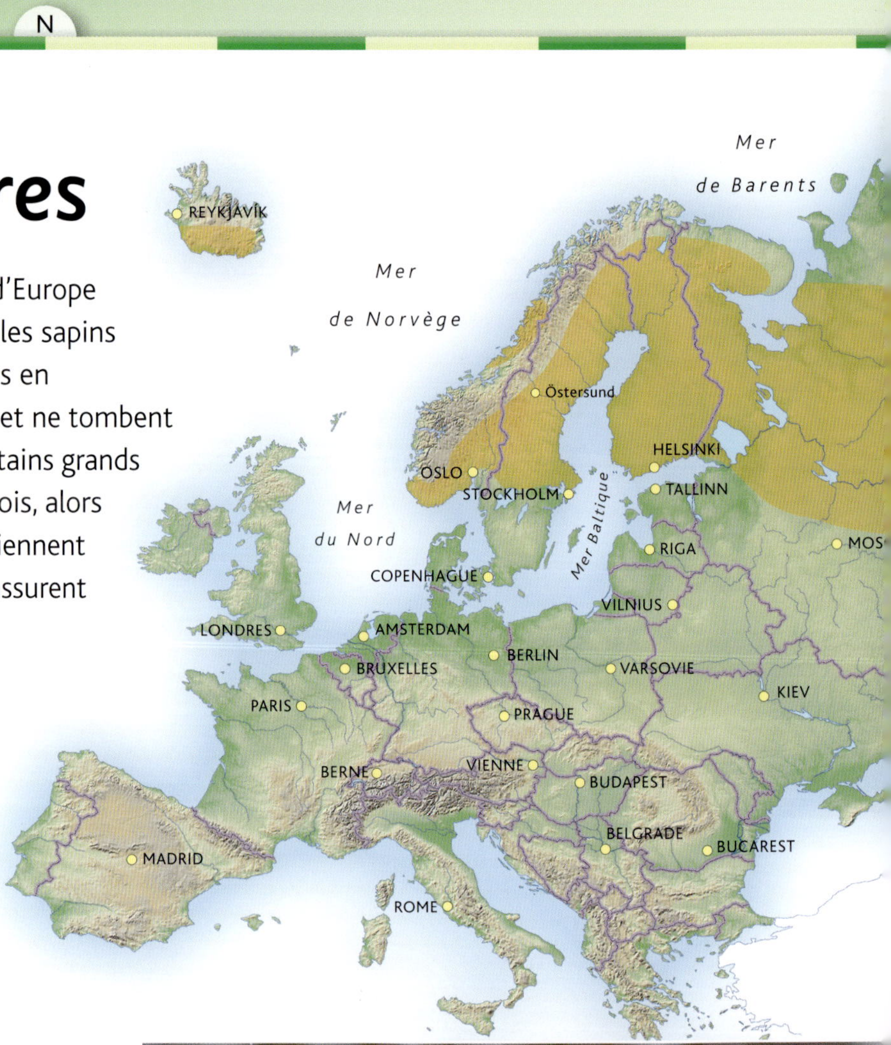

Le paysage des forêts de conifères

Peu de plantes à fleurs poussent au pied des conifères, car il y fait toujours sombre. En revanche, les fougères foisonnent, comme les mousses et les lichens sur les troncs.

Le chat sauvage

Le chat sauvage, plutôt rare, réside dans les forêts de conifères d'Écosse. Plus grand qu'un chat domestique, ce chasseur remarquable est doté de griffes tranchantes et de pattes puissantes. Son épaisse fourrure le protège du froid hivernal.

Le hibou grand duc est armé de serres affilées.

Le hibou moyen duc

Les touffes qui surmontent la tête de cet oiseau sont des plumes et non ses oreilles, dissimulées de chaque côté de son crâne. Petits mammifères et oiseaux constituent ses proies favorites.

Le putois

Ce cousin de la belette est un prédateur rapide qui grimpe et nage très bien. Des glandes à la base de sa queue produisent une sécrétion nauséabonde qu'il vaporise pour marquer son territoire et dissuader les intrus.

Le cygne chanteur

Les cygnes chanteurs se reproduisent dans le nord de la Scandinavie, puis viennent hiverner au Royaume-Uni et dans d'autres régions d'Europe du Nord. Ils se nourrissent de plantes aquatiques, d'herbe et de graines.

Plus un cerf est âgé, plus sa ramure est divisée.

Le cerf élaphe

Le cerf élaphe est l'un des plus gros mammifères terrestres d'Europe. Les mâles atteignent 190 kg. Leurs bois, particulièrement ramifiés, tombent et repoussent chaque année.

Virtuose de la grimpe !

La martre des pins est, elle aussi, de la famille des belettes. Elle gîte et chasse aussi bien au sommet des arbres qu'au sol. Les petits mammifères sont ses proies principales.

GROS PLAN

LE TÉTRAS DANSANT Au début de la saison des amours, les tétras-lyres mâles paradent pour séduire les femelles : ils déploient leur queue et gonflent leurs caroncules rouges, tout en se pavanant d'avant en arrière.

Pendant la parade, le grand tétras émet un roucoulement prolongé.

Les vallées fluviales

Rhinolophe

LES GRANDS FLEUVES européens ont été très altérés par la construction de barrages, l'agriculture et l'industrie. Toutefois, ils abritent encore quantité de poissons, d'insectes, d'oiseaux, etc. En Espagne, le parc national de Doñana protège l'une de ces zones fluviales les plus remarquables. Mosaïque de marais, de dunes et de lagunes côtières longeant l'estuaire du fleuve Guadalquivir, elle accueille des espèces menacées comme le lynx pardelle (voir p. 46) et l'aigle ibérique. Réputé pour ses oiseaux, le site est fréquenté par plus de la moitié des espèces européennes.

Au bord de l'eau

Près des berges des rivières et des mares, les eaux peu profondes constituent un véritable garde-manger pour les échassiers comme les cigognes. Celles-ci attrapent poissons et autres petites proies à l'aide de leur long bec.

Un refuge pour la vie sauvage

Dans le Danube, on trouve 103 espèces de poissons, dont 5 espèces d'esturgeons, soit plus de la moitié des espèces d'eau douce européennes. Une multitude d'oiseaux et d'autres animaux viennent se nourrir ici et trouver refuge sur les rives du fleuve.

ADAPTATION

DRÔLES DE BECS ! La forme du bec d'un oiseau correspond à son alimentation. Le héron harponne ses proies avec la pointe de son bec, tandis que pour trouver sa nourriture la spatule remue la vase, elle-même sondée par le courlis. Quant au flamant, il filtre l'eau pour en extraire de minuscules nutriments.

Héron pourpré

Spatule blanche

Courlis cendré

Flamant rose

Esturgeon d'Europe

La loutre d'Eurasie

Le poil lisse et brillant, le corps fuselé, la loutre se sent aussi à l'aise sur terre que dans l'eau, où ses pattes palmées et sa queue robuste en font une excellente nageuse. Elle capture des poissons, des grenouilles et des écrevisses, et établit sa tanière sur les berges.

GROS PLAN

LES RONGEURS DE LA RIVIÈRE

Bons nageurs, les campagnols aquatiques ressemblent à des souris dodues. Gourmands de plantes, ils creusent le bord des rivières pour nicher et entreposer leur nourriture.

Campagnol aquatique

Le campagnol roussâtre mange des insectes, des fruits et des œufs, ainsi que des végétaux. Il ne nage pas.

La grenouille rousse

Elle se délecte d'insectes, de vers et d'escargots, qu'elle happe avec sa longue langue collante. Elle s'ensevelit sous la boue ou les feuilles mortes pour hiberner.

Champion de plongeon

Le martin-pêcheur est l'un des oiseaux européens les plus colorés. Perché au-dessus de l'eau, il observe les poissons avant de plonger sur eux en un éclair et de les saisir avec son long bec.

Les chaînes montagneuses

Milan royal

DE LA SUÈDE À LA GRÈCE, les montagnes d'Europe restent parmi les régions les plus sauvages, les moins dégradées de ce continent peuplé. Les Alpes en constituent la plus grande chaîne montagneuse. Elles s'étirent sur 1 200 km et abritent un grand nombre d'espèces animales et végétales. Grâce aux mesures de conservation, les ours, les loups et les lynx se réapproprient les lieux, où vivent aussi des marmottes, des chamois et des bouquetins. Cependant, les Alpes et les autres montagnes d'Europe n'échappent pas au changement climatique, qui pourrait bouleverser leurs écosystèmes.

Une chèvre en montagne
Le bouquetin des Alpes est une sorte de chèvre sauvage qui gravit avec aisance les pentes abruptes des Alpes. Il vit généralement au-delà des dernières forêts d'altitude.

L'apollon
Ce papillon était autrefois répandu dans les prairies alpines, jusqu'à 1 950 m d'altitude, mais il est devenu rare. Il se nourrit du nectar des fleurs.

ADAPTATION

ACCLIMATÉS À L'ALTITUDE

Les animaux des montagnes sont revêtus d'une fourrure touffue qui leur tient chaud en altitude, et ils marchent d'un pied sûr. Le chamois adhère aux rochers grâce à ses sabots flexibles.

Leste, le chamois peut bondir à 2 m de haut et sur 6 m de long.

Le mouflon est un mouton sauvage. Les cornes des mâles sont beaucoup plus développées que celles des femelles.

GROS PLAN

DE VRAIES MONTAGNARDES De la famille des écureuils, les marmottes des Alpes peuplent plusieurs chaînes montagneuses en Europe. Elles vivent en colonie et logent dans les terriers qu'elles creusent. Les végétaux constituent leur principale source de nourriture, mais elles mangent aussi des insectes et des œufs.

Aux aguets

Le vautour fauve

Il réside dans le sud de l'Europe, où il plane au-dessus des montagnes et des côtes rocheuses pour repérer les charognes. Il tue rarement ses proies lui-même.

Le lynx boréal

Voici le plus gros félin d'Europe et l'un des plus grands prédateurs, après l'ours et le loup. En hiver, son épaisse fourrure s'étend jusque sur ses pattes pour l'aider à se déplacer dans la neige.

Le triton alpestre

À la saison des amours, le triton alpestre mâle se pare de vives couleurs et d'une crête le long du dos afin de séduire les femelles.

EN DANGER ! Parent de la taupe, le desman des Pyrénées loge à proximité des cours d'eau de montagne, où il nage parfaitement. La pollution de l'eau et la disparition de son habitat l'ont rendu rare.

Les zones humides

Libellule

TOUS LES PAYS EUROPÉENS comportent des zones humides, qu'il s'agisse de marais, de plaines marécageuses, de vasières, de tourbières, d'étangs ou d'estuaires. Ces habitats sont d'une importance vitale pour la vie sauvage, car ils procurent des sites de reproduction aux poissons et aux amphibiens, ainsi que de la nourriture et des refuges à de nombreux oiseaux. Tandis que certaines de ces terres sont submergées en permanence, d'autres subissent des inondations saisonnières ou sont balayées chaque jour par les marées.

Les oiseaux des zones humides

Une foule d'oiseaux, en particulier des canards (dont le canard siffleur) et des oies sauvages, affluent dans les prairies inondées et les marais pour se nourrir de plantes aquatiques, leur mets préféré.

La vie dans le marais

Les eaux des marais abritent une grande variété de végétaux et d'algues consommés par les poissons, les insectes et autres petits organismes. Ces animaux sont à leur tour mangés par les oiseaux ou des mammifères semi-aquatiques, par exemple les rats musqués ou les musaraignes aquatiques.

ADAPTATION

SUR MESURE L'avocette élégante a un bec recourbé plutôt original, idéal pour son type d'alimentation. Afin de détecter ses proies (vers, insectes et crustacés), elle patauge dans la vase peu profonde, où elle balance son bec de gauche à droite, comme si elle se servait d'une faux.

Le triton commun

Ce triton chasse des insectes et des araignées sur la terre ferme et des têtards dans l'eau, où il pond ses œufs, qu'il enveloppe avec les feuilles de plantes aquatiques.

Une musaraigne toxique

Bonne nageuse, la musaraigne aquatique d'Eurasie chasse ses proies sous l'eau comme sur terre. Sa salive contient un poison qui lui permet de vaincre des victimes plus grosses qu'elle.

La grenouille rieuse

Cet amphibien est la plus grande grenouille d'Europe : il atteint 17 cm de longueur. Nageant et sautant avec vigueur, la grenouille rieuse passe le plus clair de son temps sous l'eau.

GROS PLAN

LES INSECTES AQUATIQUES Marais et zones humides offrent un environnement idéal pour toutes sortes d'insectes. Certains, habiles nageurs, chassent sous la surface. D'autres, telles que les araignées d'eau et les punaises d'eau, sont assez légers pour courir sur l'eau.

Pour respirer sous l'eau, les dytiques coincent une bulle d'air entre leurs élytres et leur abdomen avant de plonger.

Avec leurs pattes antérieures, les punaises aquatiques cueillent les minuscules plantes dont elles se nourrissent. Elles se propulsent avec leurs pattes médianes et postérieures.

La Méditerranée

Gypaète barbu

PRESQUE ENTIÈREMENT BORDÉE DE TERRES, la mer Méditerranée n'est reliée à l'océan Atlantique que par le détroit de Gibraltar, entre le Maroc et l'Espagne. Elle est le réservoir d'une incroyable biodiversité, dont certains représentants ne vivent nulle part ailleurs dans le monde, et ses prairies sous-marines sont d'une grande richesse. Hélas, beaucoup d'animaux disparaissent à cause de la surpêche, de la pollution et d'autres activités humaines. Les côtes des pays méditerranéens et leurs 5 000 îles accueillent, elles aussi, une abondante vie sauvage.

La petite roussette

Les eaux méditerranéennes sont plus chaudes et plus salées que celles de l'océan Atlantique. On y trouve au moins 53 espèces de requins, dont la petite roussette.

L'étoile de mer rouge

Cette superbe étoile de mer est l'une des plus communes en Méditerranée. Ses cinq bras atteignent 18 cm de long et repoussent s'ils sont coupés ou blessés.

ADAPTATION

LES REPTILES Le climat méditerranéen, chaud et sec, est idéal pour les reptiles. Plus de 350 espèces vivent ici, bien plus qu'en Europe centrale ou du Nord. Près de la moitié sont endémiques.

Couleuvre à collier

Lézard des murailles

Gecko

La tortue grecque

Cette tortue est l'une des quatre espèces locales. Elle apprécie les milieux pourvus d'un couvert végétal dense afin de pouvoir s'y cacher et manger. Feuilles, fruits, certaines charognes et aussi des excréments composent son menu.

GROS PLAN

LE MACAQUE DE BARBARIE Aussi appelé *magot*, il est le seul primate d'Europe. Introduite à Gibraltar au XVIIIe siècle, l'espèce y est depuis toujours présente. La journée, ces singes cherchent leur nourriture au sol ou dans les arbres, se régalant de racines, de feuilles, de fruits et d'insectes.

Jeune magot

Le grand dauphin

Le dauphin chasse sous l'eau en utilisant la technique de l'écholocation : il émet des ondes sonores qui vont heurter les obstacles alentour, un poisson par exemple, et revenir vers lui par un effet de rebond. Il peut ainsi localiser sa proie et en évaluer la taille.

Le poulpe

Le poulpe possède un corps rond et huit bras équipés de ventouses. L'animal rampe au fond de la mer ou nage la tête la première, les bras traînant derrière lui.

Le calmar

Comme le poulpe, le calmar est un mollusque. Son corps long et fuselé est pourvu de huit bras et de deux tentacules. Il se propulse par réaction, en expulsant brusquement l'eau qu'il a aspirée.

EN DANGER ! Le phoque moine de Méditerranée figure parmi les mammifères les plus rares au monde. Il en reste probablement moins de 400 à l'état sauvage. En dépit des mesures de protection, ce nombre ne cesse de diminuer.

L'Afrique

D'UNE GRANDE DIVERSITÉ, ce continent présente parmi les paysages les plus spectaculaires au monde. Près de l'équateur, où les pluies sont régulières et abondantes, se dressent les forêts tropicales, tandis qu'au nord et au sud s'étendent de vastes prairies et des déserts. De nombreux animaux extraordinaires vivent sur les terres d'Afrique, où il faut à la fois répondre aux besoins d'une population humaine en croissance rapide et protéger les habitats naturels et la faune sauvage.

LES ZONES NATURELLES

Le Sahara et le Sahel voir pages *62-63*

Le bassin du Congo voir pages *64-65*

Les savanes d'Afrique de l'Est voir pages *66-67*

Les forêts du Miombo voir pages *68-69*

Le delta de l'Okavango voir pages *70-71*

Le Kalahari voir pages *72-73*

Madagascar voir pages *74-75*

Gorille de montagne

Les grands singes et autres primates

L'Afrique est le continent de tous les grands singes – gorille, chimpanzé et bonobo – à l'exception de l'orang-outan, qui se trouve en Asie. S'ajoutent à ces espèces d'autres primates, les babouins par exemple.

Mandrill — Chimpanzé — Bonobo — Gorille de plaine

Une troupe de lions

Les lions sont les plus grands félins d'Afrique et ses prédateurs les plus puissants. Alors que les félins vivent généralement seuls, les lions forment des groupes familiaux. Chacun réunit des femelles apparentées et leurs petits, sous la domination d'un ou de plusieurs mâles adultes.

GROS PLAN

LE GÉANT AFRICAIN L'éléphant d'Afrique est le plus gros animal terrestre vivant. Un mâle adulte mesure plus de 3 m de haut à l'épaule – presque deux fois la taille d'un homme adulte – et pèse jusqu'à 6 tonnes.

Le Sahara et le Sahel

Gerboise

LE PLUS GRAND DÉSERT CHAUD du monde, le Sahara, est presque aussi étendu que les États-Unis. Au sud, entre le désert et les forêts tropicales d'Afrique centrale, se situe le Sahel, une zone herbeuse aride. Une quantité étonnante d'animaux parviennent à vivre dans le Sahara. Certains échappent à la fournaise en se cachant sous terre. D'autres sont capables de survivre sans eau pendant de longues périodes.

Les dunes du désert

Les dunes de sable occupent une grande partie du Sahara, mais on y trouve aussi des montagnes et des terrains rocailleux. La gazelle dorcas réussit à vivre sans boire, car les végétaux qu'elle consomme lui procurent assez d'humidité.

Le porteur d'eau

Pour apporter de l'eau à ses petits, l'astucieux mâle ganga trempe ses plumes ventrales dans l'eau. Celles-ci retenant efficacement les gouttes, l'oiseau n'a plus qu'à retourner au nid.

ADAPTATION

LE PROMENEUR DU DÉSERT Parfaitement adapté aux conditions désertiques, le dromadaire survit plusieurs semaines sans eau, mais, quand il boit, il en avale jusqu'à 115 l en une seule fois. Ses pieds, larges et plats, foulent le sable avec souplesse, et ses naseaux se ferment pour empêcher la poussière d'y entrer.

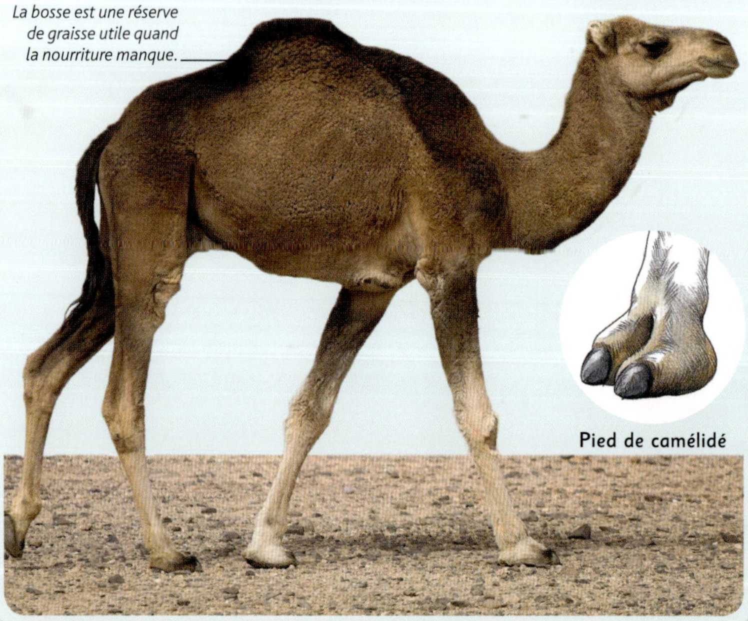

Pied de camélidé

Le vautour percnoptère

Comme tous les vautours, il se nourrit d'animaux morts. Mais il aime aussi les œufs, sur lesquels il projette des cailloux pour en briser la coquille.

N

GROS PLAN

AU BORD DE L'OUED Un oued est un cours d'eau à sec presque toute l'année, mais qu'une pluie abondante peut occasionnellement remplir. Les plantes connaissent alors une rapide et brève floraison, et les animaux viennent en masse boire et manger.

E

Le fennec

Voici le plus petit de tous les renards. Son pelage se confond avec son environnement, et ses grandes oreilles l'aident à éliminer l'excès de chaleur et à se maintenir à la bonne température. Ce chasseur nocturne passe la journée caché dans son terrier.

Les damans des rochers

Ces petits animaux vivent sur les terres broussailleuses à la lisière du Sahara. Ils mangent de l'herbe ainsi que des insectes et des lézards. Ce sont de bons grimpeurs.

Les bousiers

Les bousiers consomment des excréments, mais les façonnent aussi en boules pour y pondre leurs œufs. Les petits naissent et se développent dans les boules.

EN DANGER ! Jadis, des troupeaux d'oryx algazelles peuplaient le Sahara, où ils auraient aujourd'hui disparu à l'état sauvage. Heureusement, il en existe des hardes captives, et des projets de réintroduction dans le désert sont à l'étude.

S

Perroquet jaco

Le bassin du Congo

LES FORÊTS TROPICALES du bassin du Congo, les deuxièmes au monde par leur superficie, s'étendent sur sur des milliers de kilomètres carrés au centre de l'Afrique. Elles abritent 1 000 espèces d'oiseaux et 400 de mammifères, dont trois des quatre espèces de grands singes. Mais ce gigantesque massif forestier est en danger et d'immenses surfaces ont déjà été détruites. Les scientifiques coopèrent avec les gouvernements et les populations locales pour protéger le bassin du Congo, l'une des régions sauvages les plus importantes subsistant dans le monde.

La vie dans la forêt pluviale

Certains des animaux d'Afrique les plus rares et les plus étonnants vivent dans le bassin du Congo. Leur existence dépend de la sauvegarde des forêts tropicales humides.

Le bongo

Le bongo est l'une des plus grandes antilopes de forêt. Friand de végétaux, il se nourrit la nuit. Le mâle mais aussi la femelle portent de longues cornes.

Des singes imposants

Le gorille est le plus grand des primates. Il vit en groupes familiaux menés par un mâle adulte qui doit son surnom de « dos argenté » aux poils clairs sur son échine.

L'okapi

Malgré les rayures sur ses pattes, l'okapi est parent des girafes et non des zèbres. Il vit en plein cœur de la forêt et n'a été découvert qu'en 1901. Feuilles et fruits constituent l'essentiel de son régime.

Le colobe

Ce singe acrobate passe presque tout son temps perché près de la cime des arbres. Grâce à son estomac particulièrement adapté, il peut digérer des feuilles toxiques pour les autres singes.

Le touraco de lady Ross

Cet oiseau vit en colonie dans la canopée, où il se nourrit de plantes, de fruits et de quelques insectes. Sa longue queue lui assure l'équilibre lorsqu'il saute de branche en branche.

La vipère du Gabon

À l'affût sous les feuilles tapissant le sol forestier, ce serpent guette ses petites proies : souris, oiseaux et grenouilles.

EN DANGER ! L'hippopotame pygmée n'est actif que la nuit ; il est donc difficile de l'observer. L'espèce a probablement toujours été rare, mais elle est à présent menacée.

Le cochon sauvage

Les potamochères d'Afrique vivent en groupes allant jusqu'à 40 individus. Ils explorent les forêts pour se restaurer de plantes, d'insectes et d'autres animaux qu'ils traquent au sol avec leur groin, long et robuste.

GROS PLAN

DES SINGES COLORÉS En dehors des grands singes, le mandrill est le plus corpulent de tous les primates. Il vit en famille, sous la garde d'un mâle dominant reconnaissable à ses marques faciales très colorées. Ces singes s'approvisionnent au sol en fruits, racines et petits animaux, mais ils dorment dans les arbres.

Le toilettage mutuel permet de maintenir des liens étroits dans le groupe.

Quand le mandrill est excité, les couleurs de son visage se densifient.

Les savanes d'Afrique de l'Est

Gazelle de Thomson

LES PRAIRIES TROPICALES d'Afrique de l'Est sont désormais les seuls sites au monde encore peuplés de grands troupeaux d'herbivores. Vivent ici gnous, zèbres, gazelles, impalas, girafes, et leurs prédateurs. L'herbe ne souffre pas de l'action des herbivores, au contraire, car elle pousse à partir de sa base et croît quel que soit le nombre de fois que son extrémité est mangée. Bien qu'il fasse chaud toute l'année, il existe une saison sèche et une saison des pluies. Cette dernière survient à des périodes différentes selon les régions.

La grande migration

Deux fois par an, plus d'un million de gnous et de nombreux autres animaux suivent les pluies à travers la savane en quête d'herbe fraîche.

Le vautour oricou

Le plus grand vautour d'Afrique est souvent le premier sur les carcasses, qu'il déchiquette à l'aide de son bec énorme et puissant. Il tue aussi ses propres proies.

La gazelle au long cou

Les élégants gérénuks sont capables de tenir debout sur leurs pattes postérieures pendant de longs moments le temps de se nourrir. Ils broutent ainsi des feuilles situées trop haut pour les autres antilopes.

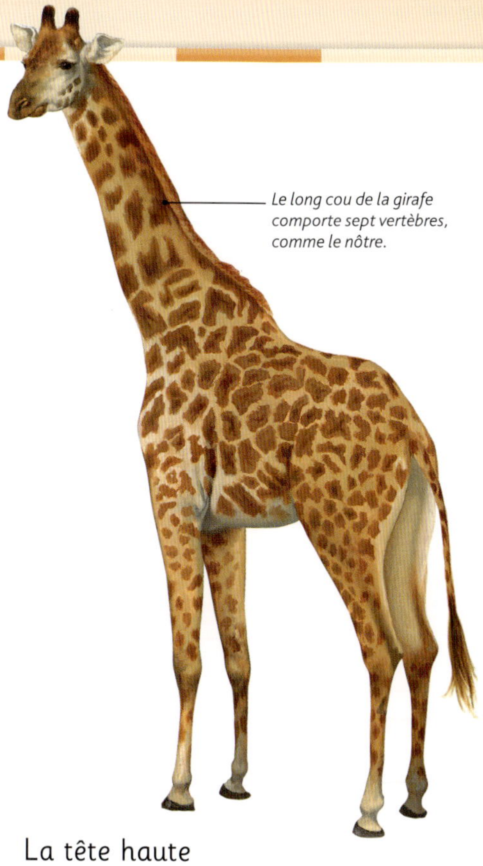

La tête haute

Avec près de 6 m de haut, les girafes voient loin et peuvent repérer les prédateurs à distance. Leur drôle de langue préhensile mesure jusqu'à 50 cm de long. Idéal pour cueillir les feuilles au sommet des arbres !

GROS PLAN

LES TERMITIÈRES Ces monticules de terre dispersés dans la savane sont le foyer de milliers d'insectes : les termites. Au sommet, un système de ventilation contrôle la température intérieure. Au-dessous se trouvent les chambres des petits et les réserves alimentaires.

La reine des termites, bien plus grande que ses congénères, est la seule à pondre – jusqu'à 2 000 œufs par jour.

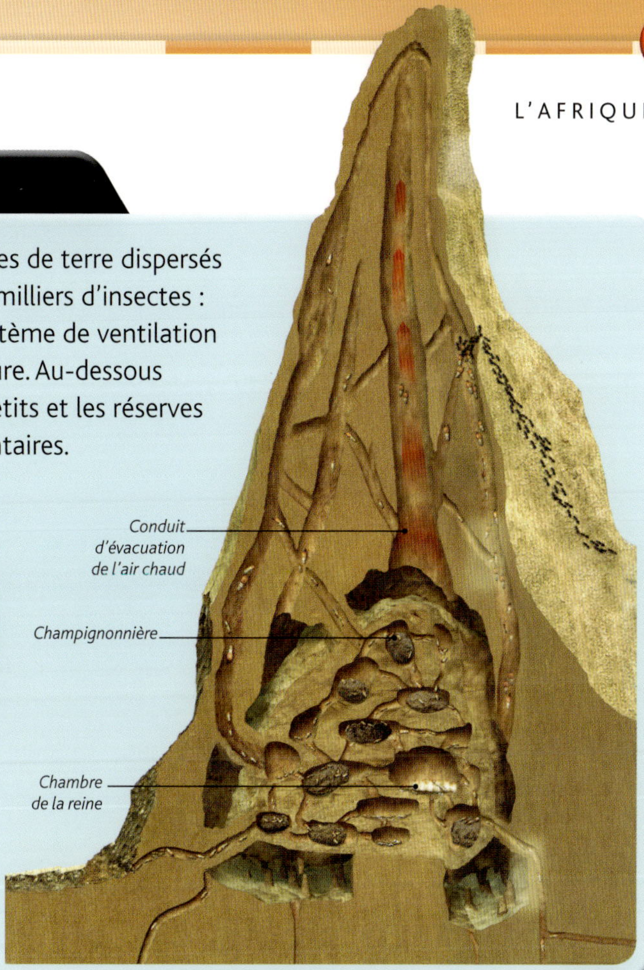

Les zèbres

Chaque zèbre possède des rayures uniques : deux animaux ne présentent jamais les mêmes. Les zèbres forment des troupeaux qui parcourent la savane pour brouter les herbes hautes.

Un félin rapide

Le guépard est l'animal terrestre qui court le plus vite : quand il poursuit ses proies dans la savane, il peut atteindre 110 km/h. Sa longue queue contribue à son équilibre pendant la course.

Un mangeur de serpents

Le messager serpentaire vole et court très vite. Il attrape des serpents, qu'il tue en les piétinant vigoureusement avec ses longues pattes.

Grand koudou

Les forêts du Miombo

CETTE VASTE RÉGION du sud de l'Afrique centrale est couverte de forêts denses et de prairies où vit une faune prospère, notamment des lions, des rhinocéros, des chimpanzés, ainsi que beaucoup d'espèces d'oiseaux. Il y fait chaud toute l'année et, pendant la longue saison sèche, les animaux se rassemblent autour des points d'eau. La pluie tombe surtout en été, entre novembre et mars. Le mot *miombo* désigne, en langue locale, un arbre très répandu.

Une flore exubérante

Au moins 8 500 espèces végétales s'épanouissent sur ces terres boisées. La moitié d'entre elles n'existent nulle part ailleurs. Un grand nombre d'animaux, y compris des lions, fréquentent ce domaine forestier.

Le pangolin terrestre du Cap

Le pangolin pulvérise les fourmilières et les termitières à coups de griffes, puis il s'empare des insectes avec sa longue langue.

Hôtes des arbres

Très répandus dans cette région, les singes verts passent presque tout leur temps dans les arbres. Ils y mangent des feuilles et de jeunes pousses, y dorment et s'y toilettent mutuellement.

Le crocodile du Nil

Ce reptile est l'un des plus redoutables prédateurs africains. Il chasse tout ce qu'il trouve, des poissons aux gnous, et même des êtres humains ! Il atteint 5 m de long et pèse trois fois le poids d'un homme adulte.

La grue caronculée

Cette grue tire son nom de l'excroissance charnue (la caroncule) qui pend sous sa gorge. Elle n'hésite pas à plonger la tête sous l'eau pour se nourrir de plantes aquatiques et de grenouilles, un menu qu'elle complète parfois d'insectes.

EN DANGER ! À cause de certaines médecines traditionnelles qui exploitent sa corne, le rhinocéros noir est à présent menacé d'extinction. Le nombre d'individus a néanmoins légèrement augmenté grâce à des mesures de protection très strictes.

GROS PLAN

L'ART DES GRIMACES S'exprimant par des mimiques faciales, les chimpanzés sont, avec les humains, les animaux disposant de la plus large gamme d'expressions du visage. Ils partagent avec nous 98 % de leur ADN, ce qui en fait nos plus proches parents.

Le guêpier écarlate

Cet oiseau capture des guêpes et des abeilles au vol, d'un coup de son bec effilé. Avant de les manger, il les frappe sur une branche pour se débarrasser de leur dard.

Les familles d'éléphants

Les éléphantes et leurs petits forment des groupes familiaux conduits par une femelle dominante. Les mâles vagabondent seuls ou à plusieurs et ne les rejoignent qu'à la saison des amours.

La vipère heurtante

Mesurant jusqu'à plus d'1,80 m, ce gros serpent est un formidable prédateur. Il chasse à l'affût de petits animaux auxquels il inflige une morsure fatale.

Le bon outil

Les chimpanzés sont particulièrement intelligents et utilisent parfois des outils pour récolter leur nourriture. Ils glissent de fins bâtons dans des nids d'insectes, brisent les noix à coups de pierre et puisent de l'eau avec des feuilles.

Le delta de l'Okavango

Phacochère

LE DELTA DE L'OKAVANGO est le plus grand delta intérieur du monde. D'une superficie de 15 500 km^2, cette région extraordinaire au cœur de l'Afrique australe est sillonnée de canaux et ponctuée d'îles et de lagons. En principe un fleuve se jette dans la mer, mais l'Okavango, lui, achève son parcours dans une gigantesque plaine inondable, dans le nord du Botswana. Le débit du delta varie tout au long de l'année. Réduit pendant la saison sèche, il se déploie de nouveau quand les pluies gonflent le fleuve. Ce milieu humide est un paradis pour les animaux, parmi lesquels des hippopotames, des millions de poissons et au moins 400 espèces d'oiseaux.

Le cobe lechwe

Plutôt lente sur la terre ferme, cette antilope court étonnamment vite dans l'eau, grâce à son arrière-train puissant et à ses sabots allongés et larges.

L'hippopotame prépare le terrain

Les incessantes allées et venues des énormes hippopotames provoquent le creusement de nouveaux canaux entre les lagunes. De nombreux autres animaux – grues, mangoustes et loutres notamment – élisent domicile et se nourrissent dans ces marais.

GROS PLAN

LE ROI DE L'ESCALADE Le léopard est l'un des félins les plus agiles. Également très puissant, il hisse ses proies sur des branches d'arbre pour les déguster tranquillement, sans être dérangé par les charognards, notamment les hyènes.

Un léopard surveillant une proie

Les léopards capturent de grosses proies telles que des antilopes et des phacochères, mais aussi des singes, des lièvres et des damans.

ADAPTATION

LOURD COMME UN HIPPOPOTAME

L'hippopotame est l'animal terrestre le plus lourd après l'éléphant. Il pèse jusqu'à 3 600 kg. Toute la journée il se tient au frais dans l'eau, et il en sort le soir pour aller brouter.

Ses plus grandes dents, très tranchantes, atteignent 40 cm de long.

Les hippopotames vivent en groupes composés de femelles, de jeunes et d'un mâle dominant qui empêche les autes mâles d'approcher.

Une antilope aquatique

Adapté à la vie aquatique, le guib d'eau possède de larges sabots pour se déplacer facilement sur les sols vaseux, et son pelage huileux est imperméable. Bon nageur, il sait même plonger pour échapper au danger.

Le buffle d'Afrique

Le mâle et la femelle de cette espèce possèdent tous deux des cornes massives qui offrent des perchoirs pratiques aux oiseaux comme les pique-bœufs, qui picorent les insectes parasites du buffle.

La loutre à joues blanches du Cap

Cette loutre attrape ses proies avec ses pattes antérieures, qui, sans griffes ni palmes, ressemblent à nos mains. Mais, sur chaque patte postérieure, deux orteils portent des griffes.

Le pygargue vocifère

Ce rapace se pose au-dessus de l'eau pour repérer les poissons proches de la surface. Il fond sur eux en piqué, les pattes en avant, pour les agripper avec ses serres.

EN DANGER ! Sorte de chien sauvage, le lycaon chasse en meute pour capturer des animaux plus gros que lui. Il est menacé d'extinction, car beaucoup ont été abattus par des fermiers ou décimés par des maladies provenant d'animaux domestiques.

Le Kalahari

Voilier des citronniers

MÊME S'IL Y FAIT TRÈS SEC, le Kalahari n'est pas exactement un désert. La majeure partie de cette région d'Afrique australe est plate, mais située à plus de 900 m d'altitude. Certains territoires sont couverts de dunes à perte de vue, mais d'autres sont tapissés de broussailles, de forêts d'acacias, et même d'herbages, surtout après les pluies. La plupart des animaux présents se sont adaptés à la rareté de l'eau et résistent longtemps à l'absence de précipitations.

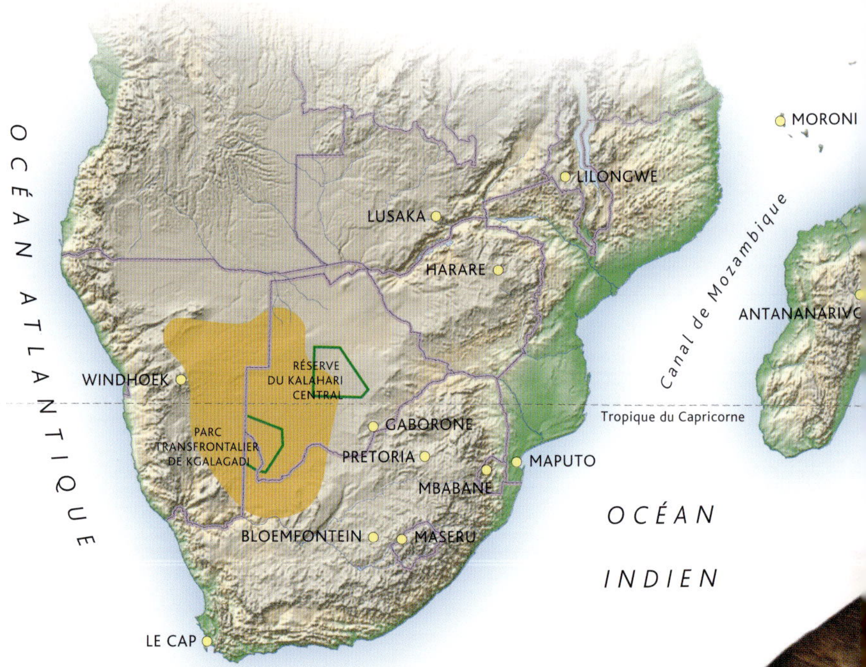

Vivre sans eau

Les gemsboks sont de grandes antilopes dotées de longues cornes droites. Ils parviennent à survivre en se contentant des herbes coriaces qui poussent dans le Kalahari. Ils se procurent de l'eau en mangeant des racines et des tubercules.

Le springbok

L'herbe est la principale ressource alimentaire de cette antilope, mais, dans le Kalahari, le springbok mange aussi des melons sauvages, riches en eau. Il sait passer de longues périodes sans boire.

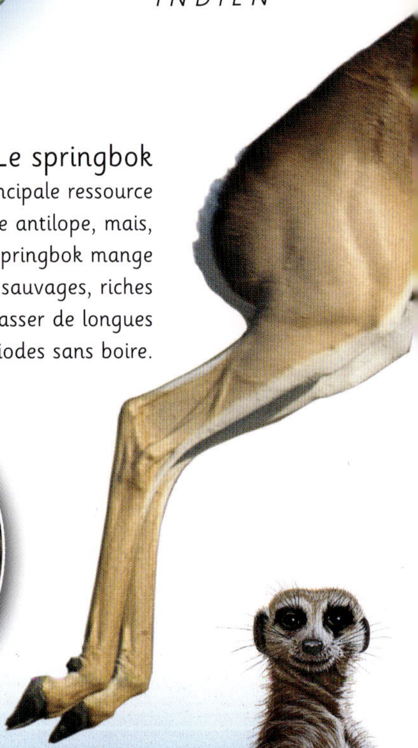

La tortue-panthère

Cette tortue ornée de jolis motifs est chez elle sur ces terres arides, où elle se nourrit de figues de Barbarie et de chardons.

Les familles de suricates

Les suricates sont des sortes de mangoustes. Vivant en groupes d'une cinquantaine d'individus, ils travaillent en équipe pour se nourrir et se protéger : certains font le guet tandis que d'autres chassent ou s'occupent des petits. Si l'un d'eux donne l'alarme, ils disparaissent tous dans leurs terriers en un éclair.

O

S

EN DANGER ! Les bucorves du Sud forment des groupes comprenant jusqu'à huit individus. Seul le couple dominant pond, les autres participant aux soins des oisillons. Victimes des chasseurs, ils sont devenus rares.

Les lions du Kalahari

Le lion lui-même s'est adapté aux conditions du Kalahari : ses troupes comptent moins de membres que dans d'autres régions, et il chasse des proies plus petites.

Le chasseur de termites

Parent des hyènes, le protèle a néanmoins un régime alimentaire très différent de ses cousines. Particulièrement friand de termites, il peut en avaler jusqu'à 200 000 en une seule nuit.

ADAPTATION

INSECTIVORE L'oryctérope dispose de toutes les adaptations nécessaires à son régime insectivore. Il éventre les fourmilières et les termitières avec ses griffes, puis il y glisse son long museau pour happer les fuyards avec sa langue gluante, qui atteint 30 cm de long.

La peau épaisse et presque sans poils de l'oryctérope le protège des morsures de ses proies.

L'oiseau express

L'autruche est le plus grand oiseau du monde et celui qui court le plus vite. Elle est capable de pointes à 70 km/h. Les végétaux dont elle se nourrit lui fournissent la majorité de l'eau qui lui est nécessaire.

Madagascar

Mantella aurantiaca

CETTE ÎLE TROPICALE DE L'OCÉAN INDIEN, plus grande que la France métropolitaine, abrite au moins 250 000 espèces animales, dont 80 % sont endémiques. Quatrième île du monde par sa superficie, Madagascar est aussi la plus ancienne : fragment de l'ancien continent unique du Gondwana, elle est née en se détachant de l'Afrique il y a plus de 160 millions d'années. Depuis, les espèces y ont évolué dans l'isolement, d'où leur originalité.

Une île divisée

Une chaîne montagneuse partage l'île en deux sur toute sa longueur. À l'est de ces reliefs foisonne une jungle dense, tandis qu'à l'ouest et au sud se déploient des forêts sèches et des déserts d'épineux.

Le troisième doigt de chaque main est extrêmement fin.

Le caméléon de Parson

La moitié des espèces de caméléons du monde vivent à Madagascar. Comme les autres, le caméléon de Parson attrape des insectes en déroulant brusquement sa longue langue collante.

L'aye-aye

Ce lémurien chasse en tapotant les arbres et écoute si des insectes se déplacent sous l'écorce. Si c'est le cas, il les saisit avec ses très longs doigts.

Pattes adaptées à la préhension des branches

La langue peut atteindre deux fois la longueur du caméléon.

La blatte souffleuse de Madagascar est endémique de l'île.

GROS PLAN

LES LÉMURIENS SAUTEURS Les lémuriens sont des primates comme les singes, et presque tous vivent à Madagascar. Il en existe environ 80 espèces, du minuscule microcèbe au maki catta, plus grand, en passant par les propithèques et les indris. Tous sont capables de saisir des objets avec leurs mains et leurs pieds, de grimper aux arbres et de sauter.

Maki varié roux

Petit microcèbe

Maki à ventre rouge

Makis cattas

Le rollier terrestre de Crossley

Les rolliers terrestres n'existent qu'à Madagascar. Ce sont des insectivores qui habitent les forêts pluviales. Ils nichent au fond de galeries souterraines.

EN DANGER ! Le fossa est le plus grand carnivore de Madagascar. Il ressemble à un chat, mais c'est un cousin de la mangouste. On connaît mal cet animal aux dents pointues, qui semble devenir de plus en plus rare.

L'eurycère de Prévost

Cet oiseau au bec massif vit dans les forêts du nord-est de l'île. Il attrape des insectes et autres petits organismes parmi les branches et au sol.

Le propithèque de Verreaux

Ce lémurien s'élance gracieusement d'arbre en arbre grâce à ses longues pattes et à sa queue. À terre, il se tient debout et bondit sur ses membres postérieurs.

Le gecko à queue foliacée

Les couleurs mimétiques de ce lézard le rendent presque invisible sur l'écorce des arbres, où il passe sa journée à dormir. La nuit venue, il chasse les insectes.

L'Asie

L'éléphant d'Asie est plus petit que son cousin africain, mais c'est tout de même le plus gros animal terrestre du continent.

L'ASIE EST, DE LOIN, LE CONTINENT LE PLUS VASTE : elle s'étend du cercle polaire arctique au sud de l'équateur. Des glaciales étendues sauvages de Sibérie aux forêts pluviales du Sud-Est, ses paysages revêtent une formidable diversité. On y trouve les montagnes les plus hautes du monde et aussi les régions les plus froides, les plus humides et les plus sèches. L'Asie héberge une quantité extraordinaire d'animaux tels que les tigres, les grands pandas et les orangs-outans, et l'on continue d'y découvrir de nouvelles espèces.

Le vautour africain

Ce vautour, aujourd'hui très rare, était autrefois l'un des rapaces les plus répandus d'Asie. Beaucoup sont morts empoisonnés par la dépouille d'animaux d'élevage ayant reçu un certain traitement vétérinaire.

GROS PLAN

UN LÉZARD VENIMEUX Le dragon de Komodo, le plus lourd de tous les lézards, atteint 3 m de long. Il s'attaque à de grosses proies auxquelles il inflige une morsure fatale. Si une victime parvient à s'échapper, le dragon attendra qu'elle succombe lentement au venin pour la dévorer.

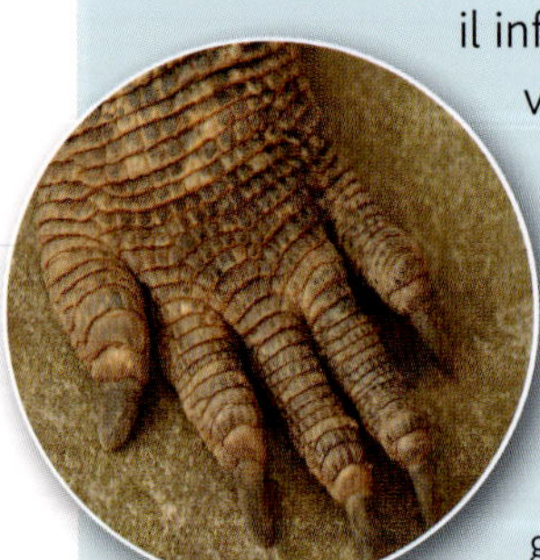

Les pattes du komodo sont armées de longues griffes acérées.

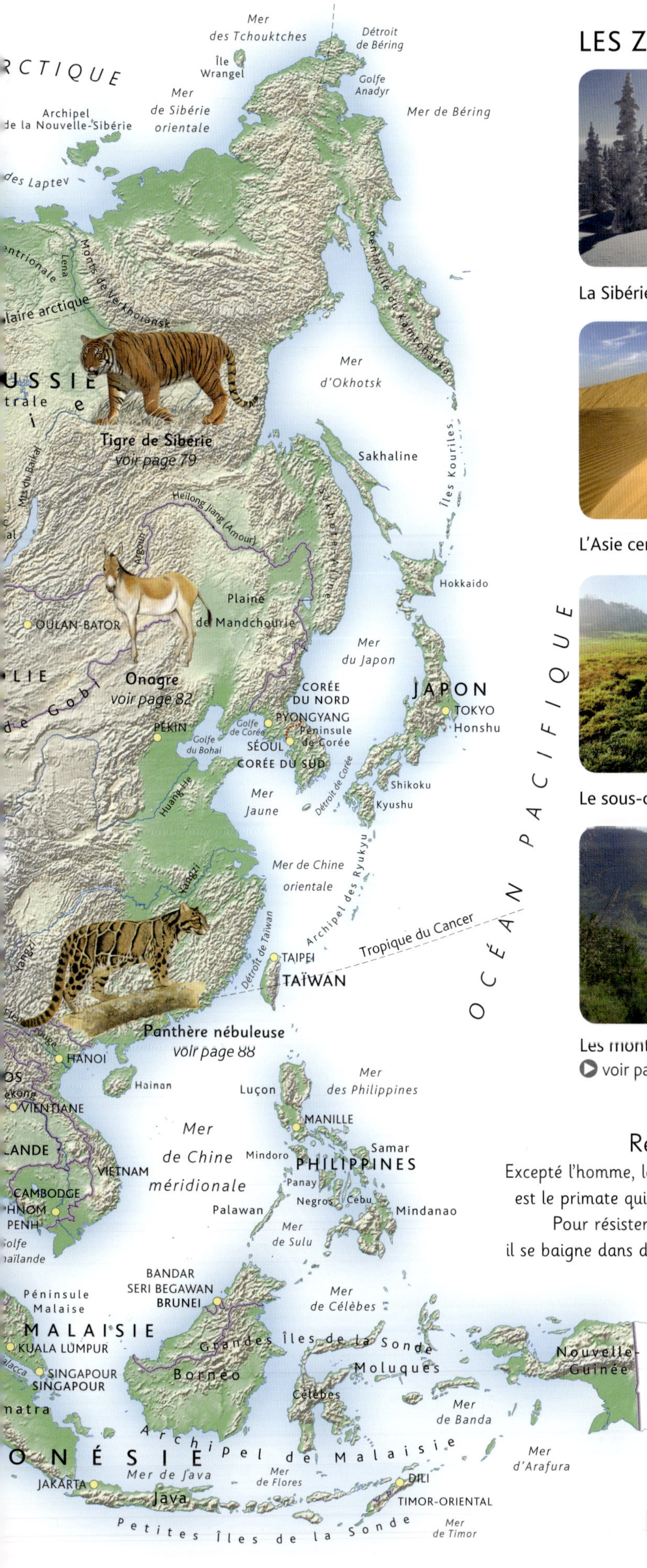

LES ZONES NATURELLES

La Sibérie voir pages *78-79*

La steppe voir pages *80-81*

L'Asie centrale voir pages *82-83*

L'Himalaya voir pages *84-85*

Le sous-continent indien voir pages *86-87*

Le delta du Mékong voir pages *88-89*

Les montagnes du sud-ouest de la Chine
voir pages *90-91*

Les forêts tropicales du Sud-Est asiatique
voir pages *92-93*

Rester au chaud

Excepté l'homme, le macaque japonais est le primate qui vit le plus au nord. Pour résister au froid de l'hiver, il se baigne dans des sources chaudes.

La Sibérie

Gélinotte des bois

D'IMMENSES FORÊTS couvrent la majeure partie de ces terres boréales – l'un des derniers hauts lieux sauvages de la planète. Forêt constituée de conifères tels que le mélèze, l'épicéa et le pin, la taïga abrite de nombreux animaux, notamment des gélinottes, des ours bruns et des gloutons. Au nord s'étend la toundra, une zone polaire désertique, où l'été est bref et l'hiver long et glacial. Aucun arbre ne peut se développer dans ces conditions hostiles, mais le sol est tapissé de buissons, de pelouses de mousses et de lichens.

Les ours de Sibérie

Les ours bruns de Sibérie hibernent quand les températures sont au plus bas. Au printemps, ils émergent de leur tanière et parcourent parfois de grandes distances pour trouver leur subsistance.

Le mésangeai imitateur

Très répandu dans les forêts de Sibérie, ce petit oiseau s'approche des villages en hiver pour y glaner des restes de nourriture. Il niche dans les conifères et pond quatre œufs.

Le jaseur boréal

Cet oiseau se nourrit surtout de baies, mais aussi d'insectes. Il se reproduit dans la taïga. Il établit son nid, qu'il tapisse d'herbes et de mousses, dans les pins et les épicéas.

La chouette de l'Oural

Comme la plupart des chouettes, celle-ci chasse la nuit. Elle fond sur ses victimes, des campagnols, des lièvres ou des grenouilles par exemple. Elle niche dans les anfractuosités des arbres et pond trois ou quatre œufs par an.

GROS PLAN

UN PHOQUE D'EAU DOUCE Le phoque du Baïkal est le plus petit de tous. Il vit dans les eaux glacées du lac le plus profond du monde : le lac Baïkal. Il consomme surtout des poissons, qu'il attrape lors de plongées durant 40 minutes ou plus. Comme il remonte à la surface pour respirer, l'hiver il doit faire des trous dans la glace qui emprisonne le lac.

Un grand tigre

Le tigre de Sibérie est le plus grand de tous les tigres et aussi le plus gros de tous les félins. Strictement protégée, l'espèce compterait moins de 500 individus à l'état sauvage.

Le harfang des neiges

Seuls les mâles adultes de cette espèce sont blancs. Les femelles et les oisillons sont tachetés de sombre. Cette chouette vit dans la toundra, où elle se régale surtout de lemmings.

Sommeil hivernal

En été, le souslik arctique, une sorte d'écureuil, mange jusqu'à doubler son poids. L'hiver venu, il échappe au froid en hibernant au fond d'un terrier.

La zibeline

Cousine de la martre, la zibeline vit dans la taïga, se nourrissant d'oiseaux et de petits mammifères. Elle est encore chassée pour sa fourrure, particulièrement efficace contre le froid.

EN DANGER ! La grue de Sibérie est en danger critique d'extinction à cause de la chasse et de la disparition de son milieu naturel. Cet oiseau se reproduit en Sibérie avant de migrer vers le sud pour passer l'hiver en Iran, en Inde ou en Chine.

Gerbille

La steppe

LA STEPPE EST UNE GRANDE PLAINE herbeuse d'Asie centrale, sur les contreforts de grandes chaînes montagneuses. Sur ces territoires accidentés, la conjugaison d'étés chauds, secs et venteux et d'hivers rigoureux ne favorise pas la vie sauvage. Les herbivores comme les antilopes et les petits mammifères fouisseurs sont les animaux les plus répandus. Certains, dont les hamsters, constituent la pitance des prédateurs tels que les renards et les rapaces.

Les steppes d'altitude

L'hiver est rude sur les hautes steppes. Toutes les eaux de surface gèlent et seules les plantes naines survivent. Les animaux ne bénéficient, par conséquent, que de peu d'endroits où s'abriter.

Le cheval de Przewalski

Ce cheval, qui formait autrefois des hardes parcourant la steppe, est à présent éteint à l'état sauvage. Des individus élevés en captivité ont cependant été réintroduits dans la région.

La gazelle à goitre

Très vive, cette gazelle atteint une vitesse de 60 km/h. Seuls les mâles ont des cornes. Leur gorge gonfle pendant la saison des amours.

GROS PLAN

LES HABITANTS DES TERRIERS

Dans la steppe, beaucoup de petits rongeurs, notamment des écureuils terrestres, des hamsters et des campagnols, logent dans des terriers d'où ils surgissent pour se nourrir.

Les lemmings des steppes sont actifs la nuit. Ils grignotent des feuilles et des graines. Ils n'hibernent pas.

Le hamster entasse des réserves de nourriture dans son terrier. Quand il hiberne, il se réveille de temps en temps pour manger.

Le renard corsac

Ce renard est bien adapté à son habitat aride et peut passer de longues périodes sans manger ni boire. Ses proies sont les écureuils terrestres, les marmottes et d'autres petits mammifères. Il accapare leur terrier, qu'il agrandit pour s'en faire un nouvel abri.

L'aigle des steppes

Ce puissant rapace plane souvent au-dessus des steppes en quête de proies, mais il chasse aussi au sol. Le souslik, sorte d'écureuil terrestre, constitue son mets favori.

Le manul

Solitaire, le manul, ou chat de Pallas, trouve refuge dans les grottes et au creux des rochers. Il est à peu près de la taille d'un chat domestique. Il chasse les rongeurs et autres petites proies.

L'outarde barbue

Le mâle peut être deux fois plus grand que la femelle et peser plus de 15 kg. C'est donc l'un des oiseaux volants les plus lourds.

EN DANGER ! Le saïga est une antilope étonnante au museau busqué. Jadis d'immenses troupeaux sillonnaient les steppes, mais une chasse incontrôlée en a réduit le nombre.

L'Asie centrale

Araignée des sables

DUNES DE SABLE, montagnes stériles et étendues caillouteuses composent l'immense désert d'Asie centrale. Le thermomètre oscille entre chaleur cuisante et froid glacial. Il pleut rarement, généralement moins de 250 mm par an. Seules les plantes naines résistent, et les animaux doivent s'habituer à boire très peu. Beaucoup vivent d'ailleurs sous terre pour s'isoler du froid et de la chaleur, ne sortant que pour se nourrir.

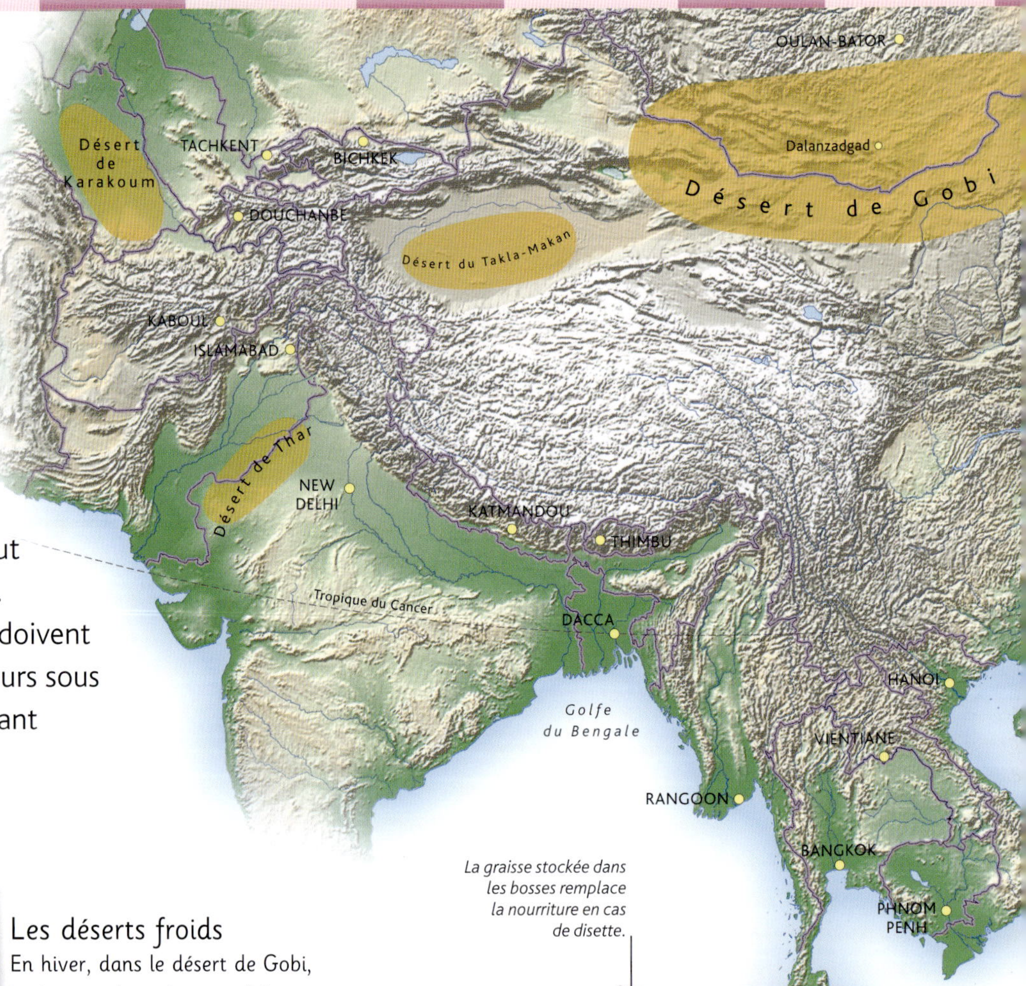

Les déserts froids

En hiver, dans le désert de Gobi, le thermomètre chute parfois à – 40 °C. Ce désert est le plus grand d'Asie et couvre environ 1 300 000 km².

EN DANGER ! L'onagre est l'un des équidés les plus rapides au monde. Devenu rare de nos jours, il ne vit plus qu'à l'intérieur de deux zones protégées. Les braconniers continuent cependant à le traquer.

Le hérisson à grandes oreilles

Comme son nom l'indique, ce hérisson a des oreilles hors du commun qui lui servent peut-être à réguler sa température. Il sort la nuit pour chasser des insectes et de petits animaux.

Le chameau de Bactriane

Seule et unique espèce sauvage, ce chameau est extrêmement rare : on en compte moins de 1 000. Il perd son épaisse fourrure à l'arrivée de l'été.

Le vautour moine

Voici le plus grand rapace d'Asie. Il tue rarement ses proies lui-même, préférant se nourrir de cadavres qu'il déchiquette avec son gros bec.

Le chasseur du désert

L'aigle royal est un prédateur hors pair. Il plane très haut au-dessus de ces étendues minérales pour repérer ses proies. Il pique ensuite droit sur elles et les agrippe avec ses serres.

Le varan du désert

Ce varan se réfugie sous terre la nuit et sort chasser le matin. Sa langue fourchue sensible lui permet de localiser ses victimes telles que de petits mammifères et des insectes.

Les déserts chauds

Le désert de Thar, en Inde, est le septième plus grand du monde. Les hivers y sont froids, mais les étés torrides et ponctués de faibles pluies entre juillet et septembre.

Crotale d'Asie centrale

Comme tous les crotales, ce serpent possède une fossette sensorielle de chaque côté de la tête. La nuit, cela lui permet de détecter les proies à sang chaud, comme les souris.

La vipère lébétine

Ce serpent du désert atteint 1,80 m de long, et sa morsure est extrêmement venimeuse. Actif à l'aube, au crépuscule et la nuit, il chasse des rongeurs et des oiseaux.

GROS PLAN

LES FOUISSEURS Grâce à leurs très longues pattes postérieures, les gerboises bondissent sur le sable du désert comme des kangourous miniatures. Elles vivent sous terre pour fuir la chaleur estivale et le froid de l'hiver, et sortent la nuit pour se rassasier de feuilles, de racines et de graines. Ces aliments leur fournissent toute l'eau dont elles ont besoin.

Le terrier de la gerboise mesure environ 90 cm de long et comprend une chambre garnie de poils d'animaux.

L'Himalaya

Bhutanitis lidderdalii

CETTE CHAÎNE DE MONTAGNE GRANDIOSE se déploie sur plus de 2 400 km entre le sous-continent indien et le Tibet. De nombreux sommets sont couverts de neige et de glace toute l'année. Parmi eux, le mont Everest, le plus haut du monde ; il culmine à 8 848 m. La vie animale se concentre aux altitudes inférieures, les espèces s'étant adaptées aux reliefs escarpés et au climat froid. Certaines ont une épaisse fourrure qui leur tient chaud. D'autres, comme les marmottes, hibernent pour échapper aux rigueurs de l'hiver.

Signal d'alerte

Les marmottes appartiennent à la famille de l'écureuil. Elles vivent et se nourrissent en groupe ; si l'une d'elles détecte un danger, elle lance un cri d'alarme strident pour que les autres se mettent à l'abri.

Le markhor

Cette chèvre sauvage possède des cornes torsadées. Elles sont bien plus massives chez les mâles, qui s'en servent au cours de violents combats pour conquérir les femelles pendant la saison des amours.

EN DANGER ! En été, l'ours à collier gravit les montagnes himalayennes jusqu'à 4 500 m d'altitude. Il se nourrit de noix, de miel, d'insectes, mais aussi d'animaux plus gros. Mis à mal par la disparition de son habitat et par le braconnage, il est à présent rare.

Le tahr de l'Himalaya

Ce grimpeur chevronné séjourne toute l'année sur les hauteurs, vers 4 500 m d'altitude. Il broute de l'herbe en été, et se délecte de mousses et de fougères en hiver.

Les singes des montagnes

Le semnopithèque de Gee, ou langur doré, réside au sommet des arbres sur les contreforts himalayens. Il en reste environ 5 000 à l'état sauvage.

Le yack sauvage

Le plus imposant des herbivores de l'Himalaya vit sur des plateaux sans arbres où il broute de l'herbe et des lichens. Son long pelage broussailleux le protège du froid.

Le porte-musc de l'Himalaya

Dépourvu de ramure, ce cervidé possède de longues canines. Maintenu au chaud par son épaisse fourrure, il escalade les versants rocheux abrupts grâce à ses larges sabots.

Le lophophore resplendissant

Les mâles affichent un plumage bien plus chatoyant que celui des femelles. Une parure qu'ils exhibent lors des danses nuptiales.

Le tragopan de Hastings

Comme la plupart des faisans, ce tragopan vit surtout au sol, où il collecte des feuilles, des graines et des insectes.

GROS PLAN

LE FÉLIN DES SOMMETS La panthère des neiges est un grand félin très agile capable de pourchasser moutons et chèvres de montagne par-delà les rochers et les pics. Sa queue, presque aussi longue que son corps, l'aide à conserver son équilibre. Quand il se repose, il s'en enveloppe pour se tenir chaud. Comme la plupart des félins, il vit seul, sauf à la saison des amours.

Les taches foncées le camouflent sur les pentes rocheuses.

Une fourrure de 12 cm d'épaisseur couvre son ventre.

Le sous-continent indien

Gaur

L'INDE ET LES PAYS VOISINS sont réunis sur la même plaque tectonique. Cette région du sud de l'Asie est immense, mais pas assez pour mériter le nom de *continent* – on parle donc de *sous-continent*. Le climat s'y définit par le régime des moussons, caractérisé par des pluies diluviennes et de violents orages en été, un temps sec et plus frais en hiver. Il existe une grande variété d'habitats, des forêts tropicales aux vastes zones humides longeant le Gange et l'Indus.

Les singes indiens

L'entelle d'Inde, ou langur sacré, est le singe le plus répandu en Inde. Il vit partout, des contreforts de l'Himalaya aux forêts tropicales et aux déserts.

Le cobra peut se dresser sur un tiers de sa hauteur.

Une trompe bien utile

Les éléphants d'Asie se nourrissent de végétaux, notamment des feuilles, de l'herbe, des écorces et des fruits. L'éléphant sait tout faire avec sa trompe, déchiqueter un arbre comme cueillir une feuille minuscule.

Championne d'escalade

La civette palmiste vit surtout dans les arbres, où elle se nourrit de fruits et de bourgeons, d'insectes et de petits animaux. Elle est active la nuit.

GROS PLAN

LE RHINOCÉROS UNICORNE Il se tient au frais dans l'eau une bonne partie de la journée. Il gagne la terre ferme le soir ou tôt le matin pour se nourrir de feuilles et d'herbes qu'il cueille à l'aide de sa lèvre supérieure préhensile. Sa corne atteint 50 cm de long.

Il se prélasse dans l'eau.

La corne de ce jeune rhinocéros n'a pas fini de pousser.

La hyène rayée

Les charognes constituent la première source de nourriture de cet animal pourtant capable de tuer ses proies. Ses crocs et sa mâchoire sont assez puissants pour broyer os, dents et cornes.

La tueuse de serpents

Incroyable mais vrai ! Une mangouste peut vaincre un cobra. Elle se déplace sans laisser au serpent le temps de l'atteindre, puis, comme une flèche, agrippe le derrière de sa tête pour lui infliger une morsure mortelle.

Le cerf axis

Cet animal timide et craintif est le cerf le plus répandu d'Asie. Les troupeaux se rassemblent souvent sous les arbres pour récolter les fruits que les singes font tomber. C'est l'une des proies favorites du tigre.

En déployant la peau de chaque côté de sa tête, le cobra semble plus impressionnant.

Le nilgaut

Ce bovidé forme des troupeaux d'une vingtaine d'individus. Seuls les mâles ont des cornes. Au moment de la conquête du territoire, ils se mettent à genoux avant de s'envoyer des coups de corne.

Le cobra royal

Voici le plus long de tous les serpents venimeux. Il mesure en moyenne 3 m de long, mais certains atteignent 5 m. S'il se nourrit surtout d'autres serpents, il est néanmoins capable de tuer un éléphant.

EN DANGER ! La perte d'habitat et le braconnage pour la médecine traditionnelle ont décimé les ours paresseux. Ils subsistent en forêt, où ils se goinfrent de termites et de fourmis. Ils détruisent leurs nids à coups de griffes avant d'aspirer bruyamment les insectes.

Le delta du Mékong

Tortue à grosse tête

LE MÉKONG SERPENTE au cœur de cette région. Venant du nord, le fleuve traverse les forêts du Laos, de Birmanie, du Cambodge et de Thaïlande, avant de parvenir enfin dans le delta qui porte son nom, au Vietnam. Outre les forêts, cette région compte d'importants marécages, des mangroves et des prairies parfois inondées au cours de l'année. On y observe une quantité impressionnante d'oiseaux, ainsi que des cerfs et des tortues, entre autres. Aujourd'hui encore, de nouvelles espèces sont découvertes : environ 145 furent identifiées en 2009 dans la sous-région du Grand Mékong.

Le paysage du Mékong

Le fleuve court sur 4 350 km, ce qui en fait le plus long cours d'eau du Sud-Est asiatique. Plus de 240 espèces de poissons y vivent, et beaucoup sont endémiques.

Mâchoires comprenant jusqu'à 66 dents

Le crocodile du Siam

Le delta du Mékong est l'un des rares endroits où l'on peut voir ce crocodile à l'état sauvage. C'est l'un des reptiles les plus rares au monde.

GROS PLAN

TOUJOURS PLUS HAUT La panthère nébuleuse bondit lestement d'arbre en arbre lorsqu'elle chasse des singes ou des oiseaux. Ses pattes sont courtes mais puissantes, et sa longue queue contribue à son équilibre quand elle grimpe. Avec sa vue excellente, elle chasse surtout la nuit.

Ce félin est celui qui a les crocs les plus longs, compte tenu de la taille de son crâne.

Le mâle mesure 90 cm de long, deux fois plus en comptant la queue. La femelle est plus petite.

Orcelle de l'Irrawaddy

Carpes siamoises géantes

Pourvues de griffes courtes, les extrémités des pattes ressemblent à des doigts.

Le rhinopithèque à pieds rouges

Avec ses pattes brun rouge, ce singe figure parmi les mammifères les plus colorés. Il habite dans les arbres des forêts tropicales et se nourrit de feuilles et de fruits.

La tête à l'envers

Le coryllis à tête bleue doit son nom à la calotte de plumes bleu vif ornant le dessus de sa tête. Il a l'habitude de se balancer à ses perchoirs la tête en bas. Seul le mâle est orné d'une tache rouge sur la gorge.

La loutre cendrée

La plupart des loutres attrapent leurs proies avec la gueule, mais celle-ci capture poissons, crabes et mollusques avec ses pattes antérieures sensitives et partiellement palmées. C'est la plus petite de toutes les loutres.

La vie dans la rivière

Les oiseaux, les félins et autres prédateurs viennent à la rivière pour capturer des tortues et des poissons notamment. La carpe géante est non seulement la plus grosse de toutes les carpes, mais, avec près de 300 kg, elle est aussi l'un des plus lourds poissons d'eau douce.

EN DANGER ! L'orcelle de l'Irrawaddy vit dans le Mékong et les eaux côtières. Ce dauphin est sur le point de disparaître, en particulier les individus peuplant le fleuve.

Les montagnes du sud-ouest de la Chine

Blaireau asiatique

REFUGE DU GRAND PANDA, ces montagnes couvrent une surface de 260 000 km². Les forêts qui parsèment leurs pentes renferment la plus grande biodiversité végétale de toutes les forêts tempérées du monde. Au moins 12 000 espèces y ont été recensées, dont un tiers sont endémiques. On compte également 200 espèces de mammifères et 600 d'oiseaux. Mais beaucoup disparaissent parce que de larges portions de leur habitat sont déboisées afin d'être transformées en terres agricoles.

Les forêts de montagne

Plus de 40 parcelles forestières ont été converties en réserves où les grands pandas vivent en sécurité.

Un oiseau criard

Le garrulaxe de Biet n'existe que dans ces montagnes, où il devient rare. Il émet de bruyants caquètements. Insectes et fruits composent l'essentiel de son menu.

Le goral rouge

L'agile goral est un membre de la famille des chèvres. Il affectionne les versants boisés d'altitude, où il grimpe et bondit avec aisance. Il se nourrit principalement de lichen.

Le hokki blanc

Ce faisan déterre les racines et les tubercules avec son bec robuste, mais il mange aussi des graines, des feuilles et des insectes. Quoique plus petite, la femelle a la même apparence que le mâle.

Les takins mâles et femelles possèdent des cornes atteignant 30 cm de long.

Le takin

De la famille des bovidés, mais de la sous-famille des caprinés, le takin est trapu et a un pelage doré. Ses troupeaux fréquentent les forêts de bambous d'altitude. Il mange à peu près tous les végétaux disponibles.

EN DANGER ! Le petit panda, ou panda roux, vit dans ces montagnes et dans l'Himalaya, où il se nourrit presque exclusivement de feuilles de bambou. La chasse et la destruction de son habitat font dangereusement décliner ses populations.

Le rhinopithèque brun

Ce joli singe est endémique de la Chine. Il passe la plupart de son temps perché dans les arbres, où il se régale de feuilles et de fleurs. Il est plus facile de l'entendre que de le voir. Il en resterait environ 10 000 à l'état sauvage.

ADAPTATION

GOURMAND DE BAMBOU Le grand panda ne vit que dans cette région, où il a beaucoup souffert de la diminution des surfaces forestières. Sa nourriture exclusive, le bambou, n'est pas très nourrissante, il passe donc presque tout son temps à manger. Quelque 1 600 grands pandas subsisteraient à l'état sauvage.

Un panda consomme 18 kg de bambou par jour.

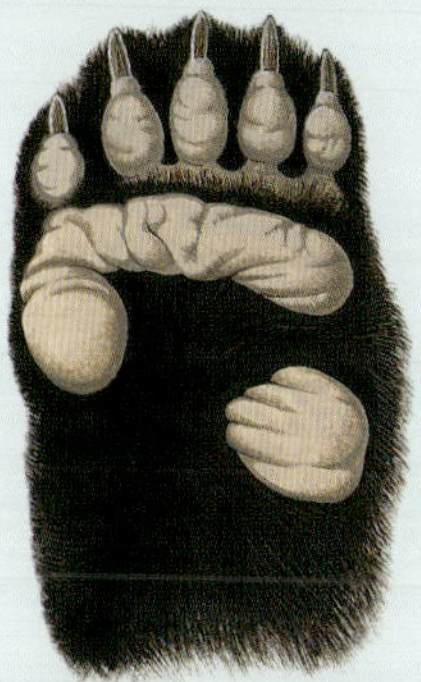

Leurs pattes antérieures portent des griffes courtes et émoussées.

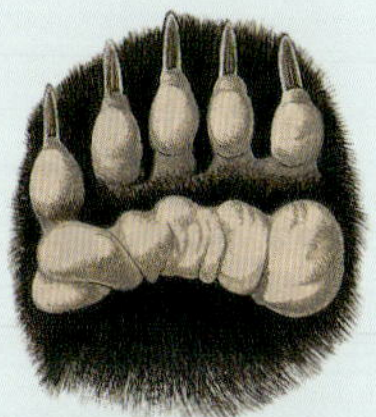

Les pandas marchent sur les doigts de leurs pattes postérieures.

L'os du poignet, surdéveloppé, agit comme un pouce et permet au panda de saisir des tiges de bambou.

Les forêts tropicales du Sud-Est asiatique

Scarabée atlas

LES FORÊTS TROPICALES HUMIDES prospèrent sous les climats chaud et plus ou moins pluvieux tout au long de l'année. Ces immenses forêts ont longtemps abrité la plus grande biodiversité animale et végétale de toutes les jungles. Hélas, de gigantesques parcelles ont déjà été détruites, et l'abattage continue. La survie de certains animaux extraordinaires comme les orangs-outans et les nasiques est gravement menacée. Les défenseurs de l'environnement travaillent d'arrache-pied pour définir des zones protégées.

L'atlas

De tous les papillons de nuit, l'atlas est celui qui a les plus grandes ailes. À l'état de chenille il dévore de grandes quantités de feuilles, mais il ne mange pas une seule fois pendant les deux semaines que dure sa vie adulte.

Les ailes mesurent 25 à 30 cm d'envergure.

Les arbres géants

Les forêts de l'île de Bornéo sont dominées par les diptérocarpes, des arbres très hauts pouvant s'élever jusqu'à 45 m.

ADAPTATION

VOL PLANÉ Dans ces forêts les arbres sont très hauts, et descendre à terre pour passer de l'un à l'autre peut nécessiter beaucoup de temps. Pour aller plus vite, certains animaux planent d'arbre en arbre avec beaucoup d'adresse. Cette technique de déplacement leur est aussi utile pour chasser ou échapper aux prédateurs.

La grenouille volante déploie la palmure de ses pattes et les membranes le long de son corps, qu'elle utilise comme parachute.

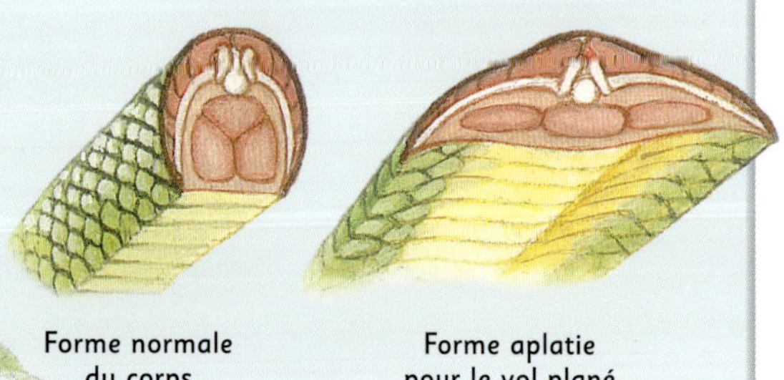

Quand le serpent volant se jette dans le vide, son corps s'aplatit pour devenir deux fois plus large. Cela lui permet de planer en douceur jusqu'à la branche voisine.

Le loris paresseux

Il a beau être lent, ce petit primate est un excellent grimpeur grâce à sa bonne préhension. Son alimentation inclut en particulier des œufs d'oiseaux et des insectes.

S

GROS PLAN

LES GRANDS SINGES DE LA FORÊT

L'orang-outan est le seul grand singe à ne pas être originaire d'Afrique. Résident de la forêt, il élève ses petits plus longtemps que n'importe quel primate, excepté l'homme. Il a tant de choses à leur apprendre : savoir quoi manger et où le trouver, comment construire un nid pour dormir, comment s'abriter de la pluie...

Une main d'orang-outan ressemble beaucoup à la nôtre avec ses quatre longs doigts et un pouce opposable.

Une mère et son petit

Roussette couronnée

Cette chauve-souris est l'une des plus grandes et des plus lourdes de toutes, un mâle dépassant parfois 1 kg. Dans la journée l'animal se pend aux arbres, et la nuit venue il s'envole pour aller manger des fruits.

Un nid barricadé

Au moment de pondre, la femelle du calao à cimier investit la cavité d'un arbre. Puis le mâle l'aide à en refermer l'entrée. Seule reste une petite ouverture à travers laquelle il lui glissera de la nourriture.

Le tarsier

À peine plus gros que le pouce d'un homme, le tarsier est l'un des plus petits primates. Solitaire, il dort dans les arbres pendant la journée, et la nuit il chasse des insectes et des lézards.

La mante orchidée

La couleur et la forme de cette mante religieuse lui assurent un camouflage parfait parmi les orchidées, où elle capture les insectes venus butiner.

EN DANGER ! Endémique de Bornéo, le nasique risque sérieusement de disparaître. Il n'en resterait que 3 000 à l'état sauvage. Non seulement une grande partie de sa forêt natale a été détruite, mais sa lenteur en fait une victime facile des chasseurs.

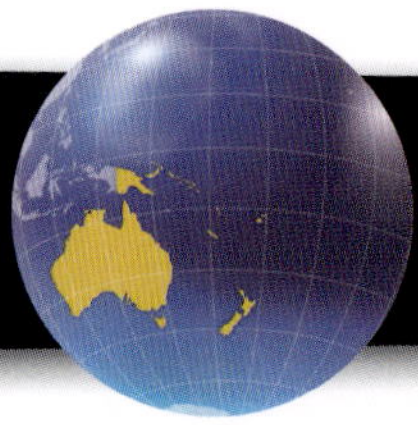

L'Australasie

PLUS DES DEUX TIERS DES TERRES d'Australie sont désertiques ou semi-désertiques. Ces territoires abritent pourtant plus d'espèces animales que l'Europe et l'Amérique du Nord réunies, et, comme dans les pays voisins, la Nouvelle-Guinée et la Nouvelle-Zélande, elles sont presque toutes uniques au monde. La majorité des marsupiaux (mammifères à poche ventrale, comme le kangourou) se trouvent en Australie et en Nouvelle-Guinée, de même que les seuls mammifères ovipares du monde : l'échidné et l'ornithorynque. Signalons aussi les oiseaux aptères, comme l'émeu et le kiwi, et de nombreux perroquets et paradisiers aux couleurs vives.

Les kangourous boxeurs
Les kangourous mâles se battent pour conquérir la domination de leur groupe ou séduire les femelles à la saison des amours. Les longues griffes tranchantes de leurs pattes postérieures causent parfois de graves blessures.

GROS PLAN

BECS DE PERROQUETS Les perroquets ont presque tous un bec recourbé, dont la forme varie selon leur alimentation. Celui du cacatoès noir et du cacatoès à tête rouge est assez robuste pour broyer l'enveloppe dure de certaines graines et les fruits pas encore mûrs. Celui plus effilé du cacatoès corella est idéal pour extraire les graines des pommes de pin. Le psittacule double-œil, lui, utilise sa langue et non son bec pour récolter le nectar des fleurs.

Cacatoès noir | Cacatoès à tête rouge | Cacatoès corella | Psittacule double-œil

LES ZONES NATURELLES

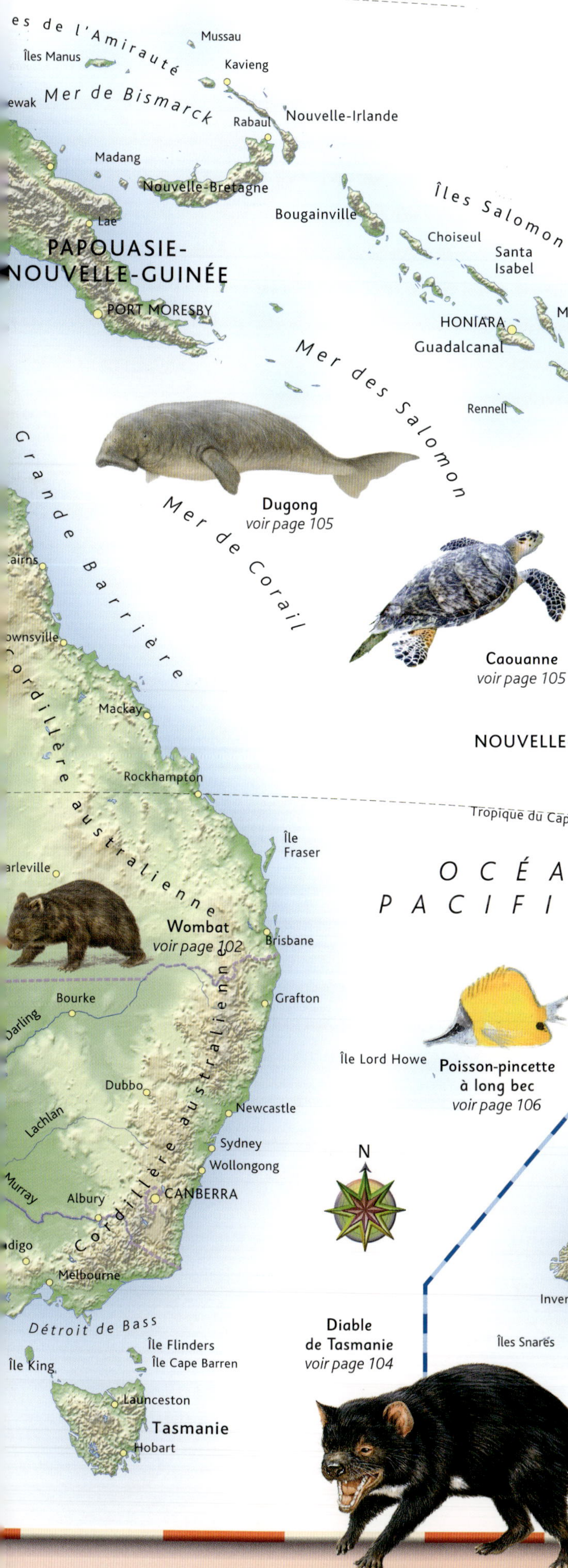

La Nouvelle-Guinée ▶ voir pages *96-97*

La péninsule du cap York ▶ voir pages *98-99*

L'arrière-pays australien ▶ voir pages *100-101*

Les forêts tempérées ▶ voir pages *102-103*

La Grande Barrière ▶ voir pages *104-105*

La Nouvelle-Zélande ▶ voir pages *106-107*

Les îles du Pacifique ▶ voir pages *108-109*

La Nouvelle-Guinée

Papilio homerus

DEUXIÈME ÎLE DU MONDE par sa superficie, elle offre de riches paysages. Relevée au centre par une longue chaîne montagneuse, elle présente des côtes bordées de mangroves et une gigantesque forêt tropicale. L'île abrite des animaux étranges, dont les deux tiers ne vivent que là, ainsi que des plantes spectaculaires, en particulier la plus grande variété d'orchidées au monde. Le climat est chaud toute l'année et il pleut abondamment, surtout de décembre à mars.

La forêt tropicale

La forêt tropicale de Nouvelle-Guinée, l'une des trois plus importantes de la planète, est environ de la taille de l'Espagne. D'importants efforts sont faits pour protéger ce milieu unique.

Le kangourou arboricole de Goodfellow

Assez différents de leur cousins australiens, les kangourous de Nouvelle-Guinée grimpent aux arbres et passent presque tout leur temps sur les hautes branches.

Les ornithoptères

Cette catégorie regroupe certains des plus grands papillons, qui atteignent 30 cm d'envergure. L'ornithoptère poséidon, ci-contre, vit dans les forêts de basse altitude.

Un lézard sans pitié

Le varan des mangroves mesure jusqu'à 1,20 m de long. Il vit surtout dans l'eau, mais il sait escalader les arbres à la recherche d'insectes, d'oiseaux et d'autres lézards.

Le couscous tacheté

Ce marsupial commun vit plutôt en forêt, mais quelquefois aussi dans les mangroves. Il mange des feuilles, des fruits et des fleurs. Sa viande entre dans la préparation de plats traditionnels locaux.

La tortue à nez de cochon

Le long nez de cette tortue lui permet de respirer sous l'eau comme avec un tuba. Également sensitif, il aide l'animal à trouver sa nourriture.

À l'affût

Ses anneaux enroulés autour d'une branche, le python vert se tient aux aguets, prêt à se jeter sur la première proie venue, un rongeur ou un oiseau. Il peut dépasser 2 m de long.

Une tortue à cou de serpent

Chassée illégalement pour le commerce international d'animaux de compagnie, la tortue à long cou, endémique de la Nouvelle-Guinée, est devenue très rare.

EN DANGER ! L'échidné est un mammifère monotrème : il pond des œufs au lieu de donner naissance à des petits déjà formés. Avec son long museau, il fouille le sol pour aspirer des vers. Cet animal est devenu rare.

GROS PLAN

LES PARADISIERS La plupart de ces oiseaux fascinants vivent en Nouvelle-Guinée. Aussi décoratives que colorées, les plumes des mâles servent à fanfaronner devant les femelles, beaucoup plus ternes, lors de complexes parades de séduction.

Paradisier de Raggi

Paradisier superbe

Paradisier de Rothschild

Paradisier bleu

Le goura de Victoria

Le plus grand des pigeons habite les forêts pluviales de Nouvelle-Guinée, où il se nourrit de fruits, de graines et de limaces.

La péninsule du cap York

Phalanger à trois bandes

CETTE VASTE PÉNINSULE située à la pointe nord de l'Australie présente un relief plat. Bien que certaines de ces terres reculées aient été défrichées pour l'agriculture, il reste de nombreux espaces sauvages préservés où se déroulent des forêts, des mangroves et autres zones humides côtières. La région la plus étendue est la forêt pluviale, où foisonne une incroyable biodiversité animale et végétale. Certains animaux sont également présents en Nouvelle-Guinée, rappelant l'époque lointaine où ces deux terres n'en formaient qu'une.

Le wallaby agile

Ce wallaby est le kangourou le plus répandu dans la région. Bon nageur, il vit près des côtes et dans les marais. Il se nourrit généralement la nuit, d'herbes et de feuilles.

EN DANGER ! Amateur de fruits, le casoar à casque est un oiseau aptère : il est incapable de voler. Victimes de la destruction de leur habitat et de la chasse, voire tués par des chiens, les casoars disparaissent peu à peu.

Le crocodile marin

Ce prédateur féroce est le plus gros des crocodiles. Il atteint parfois 7 m de long. Il est aussi à l'aise en mer et dans les estuaires que dans l'eau douce des rivières.

Le grand kangourou gris de l'Est

Cette espèce peuple les forêts et les prairies. Le petit passe au moins huit mois dans la poche de sa mère avant de s'aventurer dehors.

Le cacatoès à huppe jaune

Animal de compagnie prisé, l'oiseau se déplace en volées bruyantes, se nourrit de graines ramassées au sol, mais perche dans les arbres.

Talégalle de Latham

Grenouille arboricole

Le renard volant à lunettes

Dans la journée cette chauve-souris se repose, pendue par les pieds à une branche et enveloppée dans ses ailes. Au crépuscule elle s'envole pour aller festoyer de fruits, de nectar et de pollen.

GROS PLAN

LES MANGROVES Forêts constituées de palétuviers, elles s'épanouissent sur le littoral du cap York. Ces arbres, pourvus de longues racines qui absorbent l'oxygène de l'air, sont adaptés pour résister aux marées. Les mangroves accueillent toutes sortes de crabes, de poissons et d'oiseaux.

En projetant un filet d'eau le poisson-archer fait tomber les insectes posés sur les feuilles, puis il se jette sur eux.

Le sol des forêts pluviales

Bien que le sol de la forêt puisse sembler désert, il grouille d'une foule d'insectes et de petits organismes. Lézards, serpents et grenouilles trouvent ici asile et pitance, tandis que nombre d'oiseaux viennent se goinfrer de graines, de fruits tombés et autres gourmandises.

L'arrière-pays australien

Moloch

L'ARRIÈRE-PAYS AUSTRALIEN est un immense territoire intérieur aride. Mais ce n'est pas qu'un désert ardent. S'y déploient des prairies sauvages, des espaces arborés et certaines des plus grosses dunes de sable de la planète. En dépit du manque d'eau, cette région regorge de vie. Graines et graminées sont dévorées par des millions de fourmis et de termites qui, à leur tour, nourrissent d'innombrables lézards, oiseaux et petits mammifères. Certains animaux parviennent à survivre sans boire, d'autres se retirent sous terre pour éviter la chaleur.

Paysage de l'arrière-pays

Au cœur de ce territoire se trouve le parc national d'Uluru-Kata Tjuta, où se dressent de célèbres formations de grès qui dominent les plaines semi-arides alentour.

Créature de la nuit

Le grand péramèle-lapin est un petit marsupial doté de très grandes oreilles. La journée, il fuit la chaleur dans l'ombre de son terrier. Le soir, il sort se nourrir, se contentant de ce qu'il trouve, insectes, graines ou fruits.

EN DANGER ! Le rat marsupial à double crête, ou kowari, souffre de la perte de son milieu naturel. Il ne boit jamais, car il tire de sa nourriture toute l'eau dont il a besoin. Opportuniste, il se satisfait d'insectes, de lézards et de petits oiseaux.

Les chiens sauvages

En meute ou seuls, les dingos parcourent les terres pour chasser de petits animaux, notamment des rongeurs, des lézards et des oiseaux. On pense que le dingo descend de chiens retournés à l'état sauvage après avoir été introduits par des marins venus d'Asie il y a 4 000 ans.

L'aigle d'Australie

Cet aigle au regard perçant est le plus gros rapace d'Australie. Il plane très haut pour repérer ses proies, des lapins par exemple. Il fond sur ses victimes à toute vitesse et les tue avec ses serres redoutables.

Un père attentif

Chez les émeus, c'est le mâle qui couve les œufs et s'occupe ensuite des petits. Cet oiseau coureur est le plus gros volatile d'Australie.

Le lézard à collerette

En cas de danger, ce lézard met en garde ses ennemis en sifflant très fort et en déployant la peau autour de son cou afin de paraître plus gros.

Mulgara

Les prairies de spinifex

Les spinifex, graminées coriaces et épineuses, couvrent de vastes étendues de l'arrière-pays. Seuls les termites s'en nourrissent ; les autres animaux y trouvent simplement refuge, grignotent leurs graines ou viennent y chasser.

Scinque

GROS PLAN

UNE STRATÉGIE DE SURVIE Pour les grenouilles, qui doivent toujours avoir la peau humide, la vie est dure dans l'arrière-pays australien. En cas de sécheresse, la rainette à tête plate se blottit sous terre et, pour retenir l'humidité, s'enveloppe d'un cocon de peau issue de sa mue.

Cette grenouille creuse un trou où elle restera en sécurité jusqu'à la prochaine pluie.

Une fois enfermée dans son cocon, elle limite son activité afin d'économiser le maximum d'énergie.

Dès qu'il pleut, elle déchire son cocon et remonte en surface pour se nourrir et se reproduire.

Les forêts tempérées

Chat marsupial

LE SUD ET LE SUD-EST DE L'AUSTRALIE reçoivent assez de pluie pour que des forêts s'y développent. Elles sont principalement composées d'eucalyptus, représentés ici par une centaine d'espèces. Parmi elles, l'eucalyptus géant se classe parmi les arbres les plus hauts du monde, avec une cime culminant à quelque 90 m. En période de floraison, les eucalyptus sont assaillis d'animaux gourmands de nectar tels que des opossums, des roussettes et de nombreux oiseaux, qui les pollinisent par la même occasion.

Un mangeur de feuilles

Le koala est un marsupial et non un ours. Nonchalant, il vit dans les arbres et se nourrit de feuilles d'eucalyptus. Il boit rarement, car son alimentation suffit à satisfaire ses besoins en eau.

Les feux de forêt

Dans cette région, certaines forêts dépendent du feu pour se régénérer. En effet, un incendie élimine les vieux arbres et les débris végétaux, et provoque la germination des graines.

La langue du fourmilier marsupial rayé peut atteindre la moitié de la longueur de son corps.

Le wombat

Avec ses griffes robustes, ce marsupial creuse le terrier où il passe ses journées. La nuit, il sort récolter l'herbe, les racines et les écorces qui constituent son repas.

ADAPTATION

UN OPOSSUM PYGMÉE RARE On a cru que l'opossum pygmée avait disparu, mais on l'a retrouvé à haute altitude dans cette région. Pour résister au climat rigoureux, il s'engraisse tout l'été avant d'hiberner pendant les mois d'hiver froids et humides.

En hiver, ce petit animal somnole dans une galerie, sous la neige, et vit de ses réserves de graisse.

En été, il mange des bogongs (sortes de papillons de nuit) pour grossir le plus possible.

EN DANGER ! Le diable de Tasmanie, qui n'existe plus que sur cette île, est menacé de disparition par un cancer infectieux qui a déjà tué plusieurs milliers d'individus.

Les marsupiaux d'Australie

Nombre des 140 marsupiaux d'Australie vivent dans ces forêts, où ils se sont adaptés à des modes de vie variés. Les animaux planeurs et les opossums escaladent les arbres pour s'y nourrir de feuilles, de sève et d'insectes, tandis que les chats marsupiaux chassent leurs petites proies au sol.

Le fourmilier marsupial rayé

Les termites constituent l'essentiel du régime de ce petit marsupial, aussi appelé *numbat*. Il fouit le sol avec son museau pointu et lape les insectes avec sa longue langue gluante.

Un prédateur aquatique

À l'aide de son « bec » sensible, l'ornithorynque chasse des insectes, des vers et autres petits organismes de la rivière. Le mâle possède un ergot venimeux sur chaque patte postérieure.

Le jardinier satiné

Le mâle séduit la femelle en construisant sur le sol un berceau de brindilles qu'il décore de petits objets colorés, généralement bleus. Un second nid est bâti plus tard pour accueillir les œufs.

La Grande Barrière

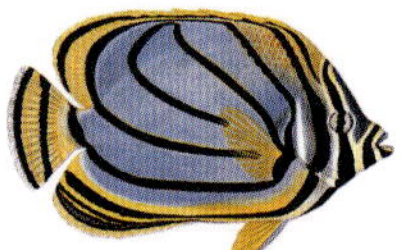

Poisson-papillon de Meyer

LE PLUS GROS RÉCIF CORALLIEN DU MONDE, longe la côte australienne sur quelque 2 300 km et couvre une superficie supérieure à celle de l'Italie. C'est l'une des grandes merveilles naturelles du monde. Outre les coraux eux-mêmes, plus de 1 500 espèces de poissons colonisent le récif, ainsi qu'une population incalculable d'animaux tels que des crabes, des étoiles de mer, des mollusques et des éponges qui nichent dans le moindre recoin. D'autres animaux plus gros, notamment des baleines, des requins et des tortues, visitent régulièrement le corail pour y trouver de la nourriture.

La protection du récif

La pollution, la surpêche et le réchauffement climatique se conjuguent pour fragiliser l'écosystème du récif corallien. Une partie est aujourd'hui classée en parc marin, regroupant plusieurs sanctuaires.

La filtration

Le petit rorqual du Sud est une baleine à fanons. Les fanons sont des lames de corne frangées servant à filtrer l'eau en ne retenant que les minuscules animaux dont se nourrit la baleine.

La vie marine

Constitués du squelette de minuscules organismes, les polypes, les récifs coralliens sont le carrefour d'une exceptionnelle biodiversité. Plus de 350 espèces de coraux forment la Grande Barrière.

Le dugong

Ce gros mammifère marin se nourrit d'algues. En plongée, il est capable de rester quinze minutes sans respirer.

ADAPTATION

LE DRAGON DE MER FEUILLU Ce poisson, cousin de l'hippocampe, vit près des prairies d'algues et des coraux, au sud de la Grande Barrière. Sa forme étrange et ses nageoires foliacées le rendent presque invisible lorsqu'il nage parmi les feuilles d'algues mouvantes. Il peut dépasser 45 cm de long.

La raie manta

Avec près de 7 m d'envergure, cette raie est l'un des plus gros poissons du monde. Ondulant gracieusement dans l'océan, elle semble voler.

Les spirobranches arbres de Noël

Ces vers marins utilisent leurs tentacules en spirale pour respirer et piéger le plancton et les organismes microscopiques qui les nourrissent.

La tortue prédatrice

Cette énorme tortue caouanne chasse les méduses, les crabes et les poissons, mais ne dédaigne pas les algues. Comme toutes les tortues marines, elle devient très rare.

La Nouvelle-Zélande

Grenouille de Hochstetter

LES DEUX ÎLES PRINCIPALES de Nouvelle-Zélande comportent des chaînes montagneuses spectaculaires, des fjords, des glaciers et des forêts pluviales tempérées. À cause de son isolement, la Nouvelle-Zélande s'est peuplée de nombreuses espèces uniques au monde, incluant notamment beaucoup d'oiseaux aptères. On n'y trouve aucun mammifère terrestre indigène – les oiseaux y règnent en maîtres – mais certaines espèces ont été introduites par les hommes. Ainsi, les hermines, les chats et les rats ont causé d'irrémédiables dommages à la faune sauvage, dont certains représentants sont devenus dangereusement rares.

Des rivages accidentés

Le littoral néo-zélandais court sur plus de 15 000 km. Il est en grande partie sauvage et escarpé, entaillé de fjords, de criques et de baies.

GROS PLAN

UN PERROQUET NOCTURNE Le kakapo est le seul perroquet qui ne vole pas. C'est aussi le plus lourd et le seul à être actif la nuit. Aujourd'hui rarissime, il vit sur deux petites îles, sous la protection vigilante des défenseurs de l'environnement.

Racines, graines, fruits et autres matières végétales font l'ordinaire du kakapo.

Le lion de mer de Nouvelle-Zélande

Cette otarie peu commune vit dans les eaux néo-zélandaises et se reproduit sur les petites îles au large des côtes de l'île du Sud. Les mâles sont deux fois plus gros que les femelles.

Un dauphin en danger

Le céphalorhynque d'Hector, l'un des dauphins les plus rares, est endémique des eaux entourant la Nouvelle-Zélande. Il en resterait environ 8 000 à l'état sauvage.

ADAPTATION

UN OISEAU APTÈRE Incapable de voler, le kiwi trouve sa subsistance au sol. Les narines à l'extrémité de son bec lui procurent un odorat capable de détecter les insectes et les vers qu'il extirpe de la terre. L'œuf du kiwi austral est énorme : il atteint presque le quart du volume de la femelle, soit la taille du poing d'un homme.

Le tuatara

Bien que ressemblant à un lézard, cet insectivore appartient à un groupe spécifique différent, plus ancien que celui des dinosaures : les sphénodons.

Le weta des cavernes

Les wetas sont des sortes de criquets qui vivent en Nouvelle-Zélande exclusivement. Le weta des cavernes mesure jusqu'à 45 cm de long, pattes arrière et antennes comprises.

Le manchot antipode

Haut de plus de 65 cm, cet oiseau est le quatrième plus gros manchot du monde. Il niche dans la forêt, souvent près d'un arbre ou d'une souche.

Un perroquet de montagne

Le nestor kéa vit au-dessus des forêts des Alpes néo-zélandaises. Intelligent et joueur, il se nourrit de végétaux, d'insectes et d'à peu près tout ce qu'il trouve.

La grenouille de Hamilton

Il n'existe que quatre espèces de grenouilles indigènes en Nouvelle-Zélande, toutes rares de nos jours. Celle-ci passe la journée à l'abri de rochers moussus et sort la nuit pour chasser des insectes.

Les îles du Pacifique

Escargot géant d'Australie

LOIN DE TOUTE AUTRE TERRE, les îles du Pacifique sud abritent une biodiversité animale et végétale majoritairement endémique. Les îles Lord Howe et Norfolk, d'origine volcanique, sont surtout couvertes de forêts pluviales subtropicales. Les trois quarts de la superficie de l'île Lord Howe sont classés au patrimoine mondial de l'Unesco, et des efforts considérables sont réalisés pour y éradiquer les espèces introduites, notamment les rats et les chèvres, qui ont détruit une partie de la vie indigène. La Nouvelle-Calédonie recense une infinie variété de plantes, de reptiles, et d'oiseaux endémiques et parmi eux le kagou huppé.

Le kagou huppé

Malgré ses larges ailes, cet oiseau ne vole pas. Il se nourrit essentiellement de vers, de serpents et de lézards. Son cri étrange évoque un aboiement.

Un oiseau rare

Le pétrel de Murphy survole le ciel du Pacifique et se reproduit sur plusieurs îles. Il niche dans des anfractuosités au sol et ne couve qu'un œuf à la fois.

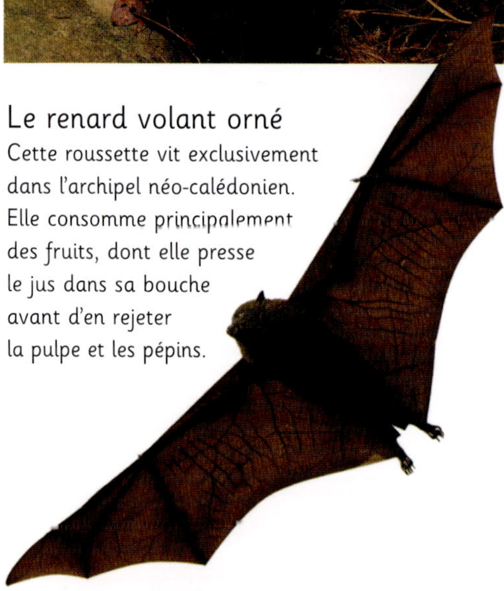

Le renard volant orné

Cette roussette vit exclusivement dans l'archipel néo-calédonien. Elle consomme principalement des fruits, dont elle presse le jus dans sa bouche avant d'en rejeter la pulpe et les pépins.

Le rat noir

Introduit accidentellement sur ces îles, le rat noir est un véritable fléau, car il extermine les animaux indigènes.

EN DANGER ! Le râle sylvestre était jadis répandu sur l'île Lord Howe. Chassé pour sa chair et tué par les chats et les cochons introduits sur ce territoire, il s'est trouvé réduit à une trentaine d'individus. Il est aujourd'hui protégé, et on en compte environ 200.

La talève sultane

Cette poule d'eau colonise les îles un peu partout dans le Pacifique. Elle niche dans les roselières et mange aussi bien des plantes que des poissons, des insectes et des vers.

La sterne fuligineuse

D'importantes colonies de sternes fuligineuses nichent sur l'île Lord Howe et d'autres. Mâles et femelles couvent à tour de rôle l'unique œuf de chaque ponte et s'occuperont ensemble de l'oisillon.

GROS PLAN

LE PÉTREL DE SOLANDER Cet oiseau de mer fréquente le Pacifique occidental, où il plonge pêcher poissons et calmars. Il ne se reproduit que sur les îles Lord Howe et Phillip, un îlot au large de Norfolk. Chaque couple ne couve qu'un œuf à la fois, dans une chambre au fond d'une galerie souterraine ou dans une cavité rocheuse.

Les parents couvent à tour de rôle dans leur nid souterrain garni d'herbe.

Pétrels de Solander en vol

Quand ses parents partent pêcher, l'oisillon reste seul, à la merci de prédateurs comme le rat.

Un phasme géant

Le phasme de Lord Howe atteint 13 cm de long. On le croyait éteint, mais un petit nombre d'individus subsistent et d'autres sont reproduits en captivité.

Les pôles et les océans

Albatros à tête grise

LES OCÉANS OCCUPENT LES DEUX TIERS de notre planète. La vie aquatique est bien plus ancienne que la vie terrestre, mais nous connaissons encore mal cet écosystème et les espèces fabuleuses qui le peuplent. En vérité les cinq océans ne font qu'un, car l'eau ne peut avoir de frontières ; des noms désignent néanmoins les différentes zones géographiques. Dans les océans Arctique et Austral, au pôle Nord et au pôle Sud, il fait si froid que de grandes surfaces d'eau de mer gèlent l'hiver.

Le plancton

Constitué de minuscules organismes en suspension dans l'eau, le plancton est à la base de la vie marine. Le phytoplancton est mangé par le zooplancton, à son tour avalé par de plus gros animaux.

LES ZONES NATURELLES

L'Arctique voir pages *112-113*

L'Antarctique voir pages *114-115*

L'océan Indien voir pages *116-117*

L'océan Atlantique voir pages *118-119*

L'océan Pacifique voir pages *120-121*

Le grand requin blanc

Le plus gros poisson prédateur est aussi l'un des plus redoutables chasseurs des océans. Il mesure parfois 6 m de long.

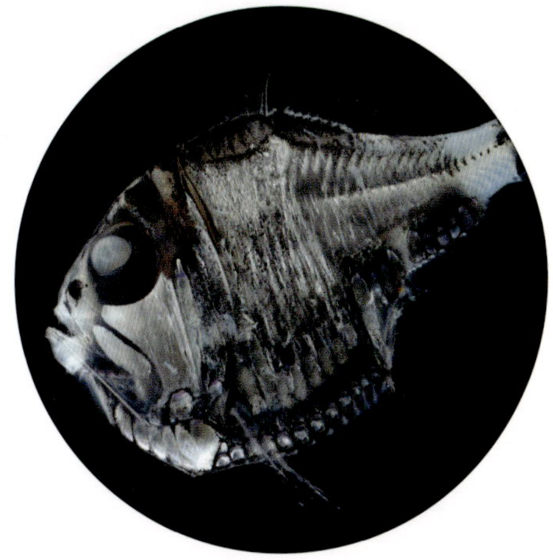

Les poissons abyssaux

Le poisson-hachette hante les profondeurs obscures de l'océan. Il se nourrit de plancton et d'autres micro-organismes. Son ventre porte des organes bioluminescents appelés *photophores*.

Les zones océaniques

Comme sur terre, la vie dans l'océan dépend des végétaux. Le phytoplancton s'épanouit uniquement près de la surface éclairée par le soleil. C'est donc là que se développent la plupart des animaux marins. Au-dessous, la lumière est faible ou absente ; la vie y est donc plus rare.

Sterne arctique

L'Arctique

CETTE TERRE GLACÉE S'ÉTEND DANS L'EXTRÊME NORD de la planète. À environ 66° de latitude nord, le cercle polaire arctique englobe le nord de l'Amérique du Nord, du Groenland, de l'Europe et de l'Asie, ainsi que l'océan Arctique, en grande partie gelé. La banquise atteint sa superficie maximale en hiver et fond partiellement l'été, le centre restant toujours gelé. Autour de l'océan s'étalent les toundras. En hiver, la terre est couverte de neige. Elle fond au printemps et fait place à une floraison de plantes naines. Pendant le court été, une profusion d'insectes et d'autres animaux viennent se nourrir dans la toundra.

Un havre au frais
La banquise permet aux morses de se reposer. Pour se hisser hors de l'eau, ils s'agrippent aux blocs de glace flottants à l'aide de leurs défenses.

ADAPTATION

CHANGEMENT DE COULEUR L'été venu, sur la toundra, le renard polaire revêt un pelage brun le dissimulant parfaitement parmi les rochers et la végétation rase. En hiver, sa fourrure devient aussi blanche que la neige pour lui permettre de chasser sans être repéré.

Renard polaire et ses petits — Renard polaire mulotant

le bélouga
Cette baleine blanche potelée réside à l'année dans l'océan Arctique. Une épaisse couche de graisse l'isole du froid. Le bélouga est une baleine bavarde. Il émet une large gamme de sons, notamment des grincements, des pépiements, des sifflements et des cliquetis.

EN DANGER ! On connaît mal le narval, mais ce cétacé est gravement menacé par le changement climatique et la chasse. La longue défense torsadée du mâle est une dent surdéveloppée qui atteint 2,50 m de long.

GROS PLAN

LES GRANDS PRÉDATEURS Les ours polaires sont les plus gros carnivores terrestres. Leur fourrure dense et imperméable les protège aussi bien à terre que dans l'eau, quand ils chassent des phoques ou d'autres proies.

Prêts à bondir, les ours guettent les phoques qui remontent respirer par les trous dans la glace.

Le phoque barbu

Ce phoque doit son nom aux longues moustaches qui ornent son museau. Il fréquente les faibles profondeurs de l'océan Arctique, où il se régale surtout d'animaux des fonds marins, notamment des coquillages, des vers et des crustacés.

Un requin polaire

De tous les requins, seul celui du Groenland tolère la froideur des eaux arctiques. Il croise généralement en profondeur, à plus de 200 m, et se nourrit de poissons et de phoques.

Le bœuf musqué

L'imposant bœuf musqué est parfaitement adapté au climat arctique. Sa double épaisseur de poil lui tient chaud, même par – 50 °C. En cas d'attaque, le troupeau se resserre de manière compacte.

Les pirates du ciel

Le labbe parasite pourchasse d'autres oiseaux pour s'emparer de leurs proies. Pendant la saison des amours, chaque couple élève deux oisillons dans un nid au sol.

L'Antarctique

Araignée de mer

RÉGION LA PLUS SÈCHE ET LA PLUS VENTÉE du globe, l'Antarctique est aussi l'une des plus froides. On y a relevé la température la plus basse jamais constatée : – 89,2 °C. Même l'été, le thermomètre reste au-dessous de zéro. Cerné par l'océan Austral, ce continent est le cinquième en termes de superficie. La calotte glaciaire qui le recouvre en grande partie contient 90 % des réserves d'eau douce de la planète.

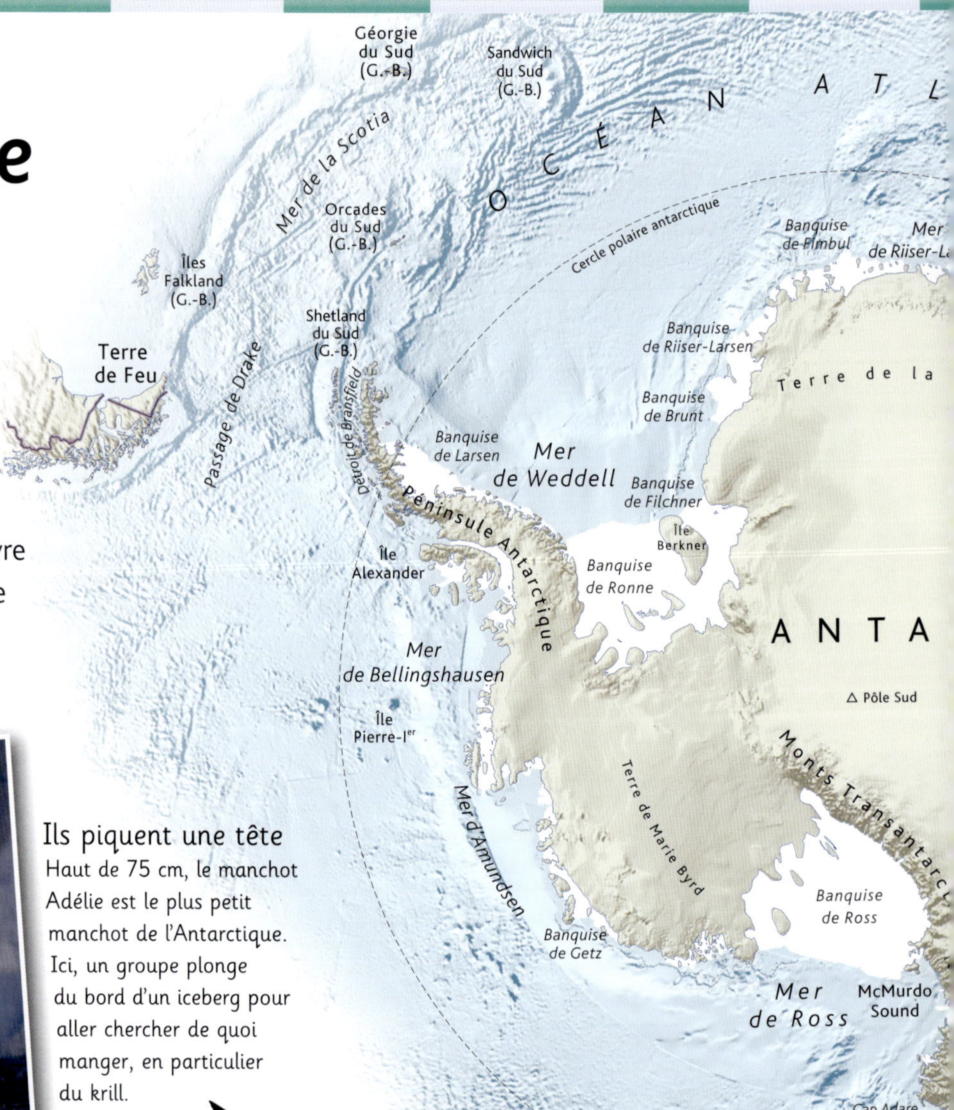

Ils piquent une tête

Haut de 75 cm, le manchot Adélie est le plus petit manchot de l'Antarctique. Ici, un groupe plonge du bord d'un iceberg pour aller chercher de quoi manger, en particulier du krill.

Une envergure record

Les ailes de l'albatros hurleur atteignent 3,50 m d'envergure. Un record ! Cet oiseau passe plus de temps dans le ciel que sur la terre ferme, où il ne vient que pour se reproduire.

Le manchot à jugulaire

Voici le manchot le plus répandu de l'Antarctique. Il forme d'immenses colonies sur la péninsule, où chacun construit son nid juste hors de portée du bec de son voisin.

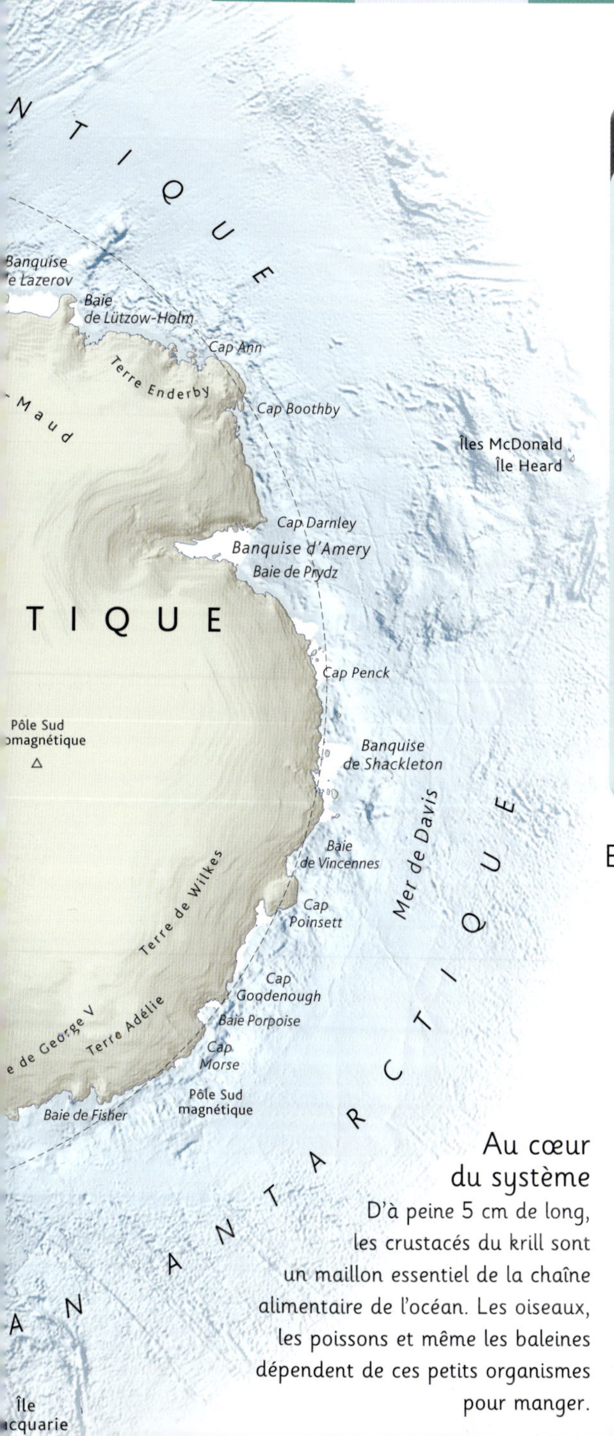

GROS PLAN

SE REPRODUIRE Après un long périple à pied sur la banquise, les manchots empereurs mâles couvent un œuf entre leurs pattes pendant deux mois d'hiver glacial, tandis que les femelles

Les manchots retrouvent la terre ferme d'un bond.

Espionnage en surface

Les épaulards tiennent régulièrement leur tête hors de l'eau et inspectent les alentours, peut-être pour repérer leurs proies.

Au cœur du système

D'à peine 5 cm de long, les crustacés du krill sont un maillon essentiel de la chaîne alimentaire de l'océan. Les oiseaux, les poissons et même les baleines dépendent de ces petits organismes pour manger.

Des chasseurs féroces

Le léopard de mer est le plus redoutable des phoques. À l'affût, attendant que les oiseaux plongent dans l'eau, il s'en empare avec ses mâchoires aux crocs acérés. Les manchots constituent son mets préféré.

Le poisson des glaces

Les eaux de l'Antarctique sont trop froides pour certaines espèces, mais le corps du poisson des glaces produit une sorte d'antigel qui le protège.

L’océan Indien

Tricot rayé

TROISIÈME PLUS VASTE OCÉAN de la planète, l’océan Indien baigne l’Afrique, l’Asie et l’Australie. Sept fois plus grand que les États-Unis, il atteint une profondeur record de 7 125 m dans la fosse de Java. Contrairement aux océans Atlantique et Pacifique, l’océan Indien ne s’étend pas jusqu’au Grand Nord – il s’arrête au golfe Persique –, et ses eaux sont les plus chaudes de toutes. Il renferme de nombreux récifs de corail, ainsi qu’une grande variété de requins.

Les colonies de coraux

La mer Rouge constitue une portion de l’océan Indien. Ses eaux limpides renferment des récifs coralliens foisonnants de vie.

Le phaéton à bec rouge

Aussi beaux que gracieux, certains phaétons passent leur vie à survoler les mers. Ils doivent néanmoins plonger pour se nourrir de poissons et de calmars.

La tortue olivâtre

Avec ses 60 cm de long, cette espèce est l’une des plus petites tortues marines. Elle apprécie les eaux tièdes et consomme des méduses, des mollusques et des crustacés.

Les cornes céphaliques canalisent la nourriture vers la bouche de la raie manta.

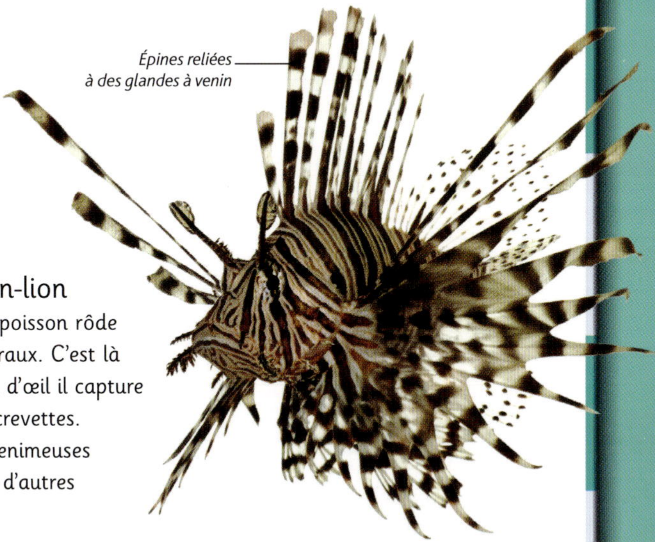

Le poisson-lion

Ce drôle de poisson rôde parmi les coraux. C'est là qu'en un clin d'œil il capture poissons et crevettes. Ses épines venimeuses le protègent d'autres prédateurs.

Le grand cachalot

L'énorme tête du cachalot renferme jusqu'à 1 900 l de spermaceti (blanc de baleine). On pense, sans en être sûr, que cette substance grasse l'aide à adapter sa flottabilité quand il plonge. Le cachalot atteint 18 m de long.

Le nautile

La coquille du nautile protège son corps mou doté de nombreux tentacules. Ce mollusque appartient à la famille des pieuvres et des calmars.

Un poisson géant

Le requin-baleine est le plus grand de tous les poissons : il atteint 14 m de long. Malgré sa taille imposante, il mange surtout du krill, et occasionnellement d'autres poissons.

La raie manta

La raie manta atteint 7 m d'envergure : c'est la plus grande de toutes. Ce poisson migre régulièrement sur plus de 1 000 km à travers l'océan Indien.

GROS PLAN

UN POISSON PRIMITIF On a longtemps cru que les cœlacanthes avaient disparu en même temps que les dinosaures, mais ils ont été redécouverts en 1938 dans les profondeurs de l'océan Indien.

Des fossiles montrent que ce poisson n'a pas évolué. Ses nageoires paires fonctionnent comme nos jambes.

L'océan Atlantique

Langouste des Caraïbes

AU DEUXIÈME RANG DES OCÉANS par sa superficie, l'Atlantique s'étend sur 100 millions de km², soit environ 20 % de la planète. Il inclut plusieurs mers peu profondes, notamment la mer des Caraïbes, la Méditerranée et la mer du Nord. Une immense chaîne montagneuse sous-marine, appelée *dorsale médio-atlantique*, s'étire de l'Islande à la pointe sud de l'Afrique. Par endroits, ses sommets les plus élevés émergent et forment des îles. Certaines des zones de pêche les plus riches du monde se trouvent dans l'Atlantique.

Naissance d'un océan

L'Atlantique s'est formé il y a 150 millions d'années, lors de la séparation de l'Europe et de l'Amérique du Nord d'une part, de l'Afrique et de l'Amérique du Sud d'autre part.

Le macareux moine

Ce bon nageur se propulse sous l'eau à l'aide de ses ailes. Dans son épais bec coloré, il emporte plusieurs petits poissons à la fois, notamment des lançons.

▶▶▶ ADAPTATION

LE POISSON VOLANT En fait, ce poisson jaillit de l'eau pour fuir ses ennemis. Une fois en l'air, il peut planer sur 200 m.

Le fou de Bassan

À la saison des amours, cet oiseau marin forme d'immenses colonies de milliers d'individus sur certains rochers et îlots de l'Atlantique. Chaque couple couve un œuf unique dans un nid au sol.

Le maquereau

Ce nageur rapide se réunit en groupes, appelés *bancs*, qui évoluent près de la surface. Il se nourrit de petits poissons comme les lançons.

GROS PLAN

LE PEUPLE DES ABYSSES Au-delà de 1 000 m de profondeur, il fait noir et la vie se fait rare. Les poissons qui parviennent à survivre à cette profondeur ont évolué de façon à pouvoir s'attaquer à n'importe quelle proie.

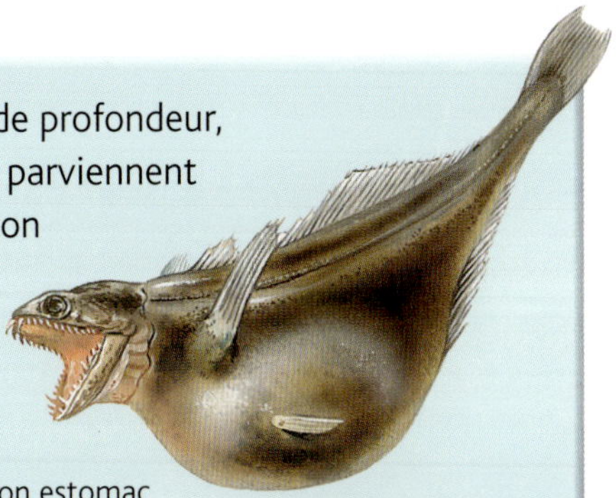

Le grand avaleur Son estomac énorme lui permet d'avaler des proies plus grosses que lui.

Aphyonus gelatinosus
Enveloppé de gélatine, ce petit poisson vit sur le plancher océanique, où il récupère le moindre résidu alimentaire.

La baudroie des abysses Elle possède sa propre canne à pêche : un leurre bioluminescent qui, dans l'obscurité, attire les poissons.

Le grandgousier Sa gueule monstrueuse s'ouvre assez largement pour avaler de grosses proies.

Makaire bleu bondissant hors de l'eau

Le makaire bleu

Ce poisson est l'un des plus grands : il dépasse les 4 m de long. Il nage très vite et s'attaque aux bancs de petits poissons avec sa mâchoire supérieure en forme d'épée.

Le thon rouge de l'Atlantique

Son corps lisse et hydrodynamique lui permet de fendre les eaux à grande vitesse, jusqu'à 70 km/h. Comme il migre entre ses sites de nourrissage et de reproduction, il traverse l'Atlantique plusieurs fois par an.

La myxine

Ce poisson primitif n'a ni écailles ni mâchoires, seulement une petite fente entourée de barbillons qui fait office de bouche. Il perce les cadavres de poissons avec sa langue râpeuse.

L'océan Pacifique

Ptéroïs à antennes

LE SITE LE PLUS PROFOND de l'écorce terrestre, à environ – 11 000 m, se trouve dans la fosse des Mariannes dans le nord-ouest de l'océan Pacifique. Si l'on y engloutissait la montagne la plus haute du monde, elle n'émergerait même pas. Le Pacifique est aussi l'océan le plus étendu : il couvre un tiers de la planète. Sa profondeur moyenne est de 4 000 m, et sa largeur maximale, entre l'Indonésie et la Colombie, est de 19 800 km.

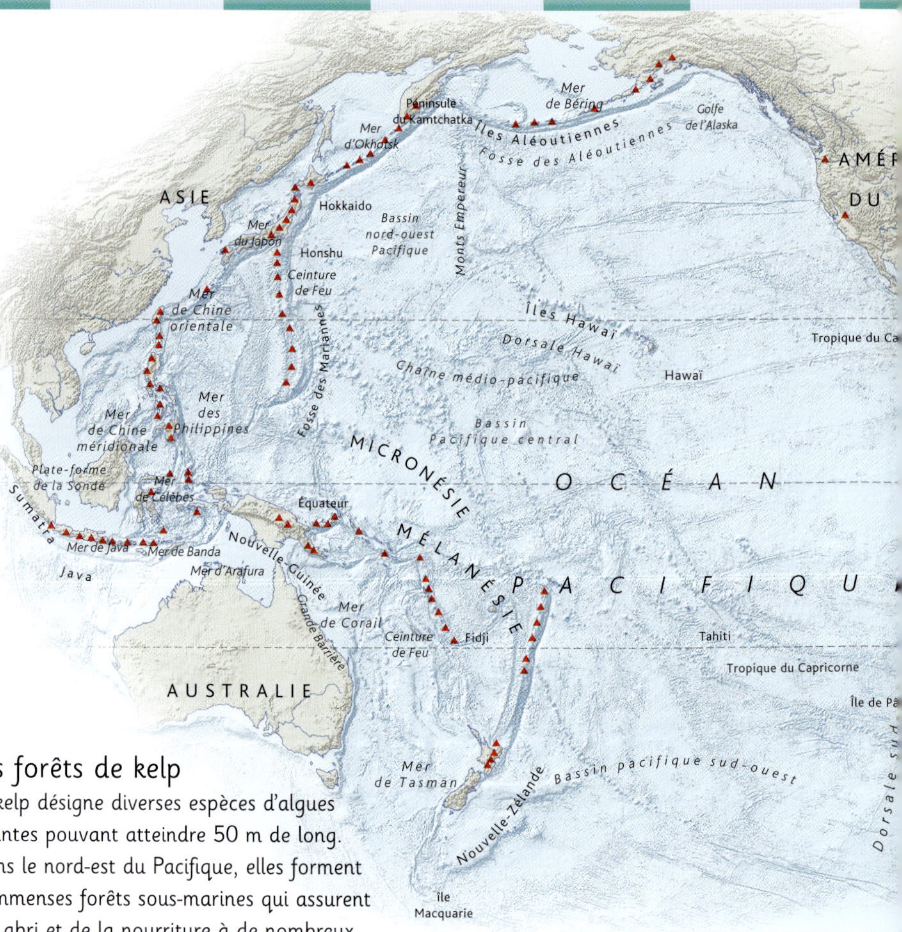

Les forêts de kelp

Le kelp désigne diverses espèces d'algues géantes pouvant atteindre 50 m de long. Dans le nord-est du Pacifique, elles forment d'immenses forêts sous-marines qui assurent un abri et de la nourriture à de nombreux poissons et autres animaux.

EN DANGER ! La tortue luth est la plus grande tortue de mer : elle mesure 2 m de long. Elle est en danger critique d'extinction parce que l'homme pille ses nids pour y voler les œufs et que beaucoup se font accidentellement piéger dans les filets de pêche.

GROS PLAN

RECORD DU MONDE Atteignant quelque 30 m de long, la baleine bleue est le plus gros animal de tous les temps. Malgré sa taille, elle ne mange que de minuscules crustacés appelés *krill*. Mais elle en avalerait tout de même 40 millions par jour !

Nageoire caudale

Championne de natation
Grâce à sa forme fuselée, la baleine nage à 35 km/h en moyenne.

Le puffin fuligineux

Cet oiseau de mer commun pêche en plongée poissons et crustacés. Il niche sur des îles où chaque couple creuse une longue galerie souterraine pour y couver son seul œuf.

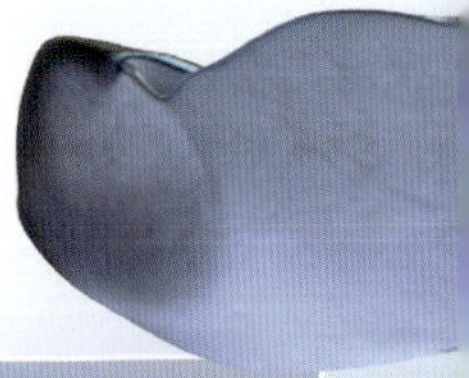

Descente en piqué

Pour aller capturer ses proies, le fou varié exécute des plongeons spectaculaires, parfois de 15 m au-dessus de la surface de l'océan.

Ailes rabattues pour plus de vitesse

Les bancs de poissons – ici des anchois – font son régal.

Baleine à bosse jaillissant de l'eau

Le chant des baleines

Pour communiquer, les rorquals à bosse émettent des chants complexes. Les mâles chantent, parfois pendant des heures, afin d'attirer les femelles. On ignore pourquoi cet animal bondit hors de l'eau... Pour s'amuser peut-être !

Le marsouin de Dall

Ce mammifère marin est le plus gros des marsouins. Il ne vit que dans le Pacifique nord, où il se nourrit de poissons et de calmars.

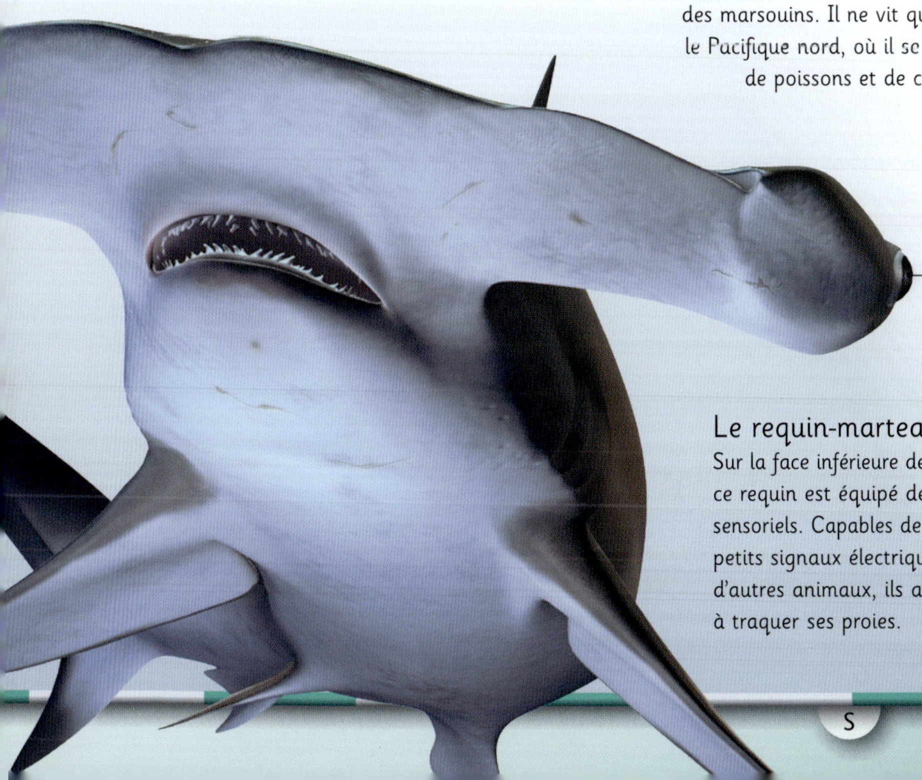

Les yeux du requin sont placés aux extrémités latérales de sa tête.

Le requin-marteau

Sur la face inférieure de sa drôle de tête, ce requin est équipé de détecteurs sensoriels. Capables de déceler les plus petits signaux électriques émis par d'autres animaux, ils aident le requin à traquer ses proies.

Le bénitier géant

Voici l'un des plus gros mollusques du monde. Il peut vivre plus de 100 ans, mesurer jusqu'à 1,20 m de long et peser plus de 200 kg.

Glossaire

Amphibien Animal vertébré qui naît dans l'eau, puis se métamorphose et vit alors à terre. Par exemple les salamandres, les grenouilles et les crapauds.

Banc Groupe de poissons d'une même espèce qui se déplacent ensemble.

Biodiversité Richesse naturelle de toutes les formes de vie animale et végétale et des écosystèmes qui les accueillent.

Boréal Qui se trouve dans le nord du globe terrestre.

Caprinés Groupe d'espèces ruminantes proches de la chèvre.

Carcasse Squelette ou corps d'un animal mort.

Carnivore Animal qui se nourrit d'autres animaux. Plus précisément, les carnivores forment un ordre de mammifères auquel appartiennent les lions, les loups et d'autres animaux plus petits comme les belettes.

Caroncule Petite excroissance charnue sur la tête ou le cou de certains oiseaux.

Charognard Animal qui se nourrit de charogne.

Charogne Corps d'un animal mort naturellement ou tué par d'autres.

Colonie Groupe d'individus d'une même espèce résidant ensemble dans un même lieu. Les termites, les fourmis, de nombreuses espèces d'abeilles et de guêpes forment des colonies.

Congénère Animal appartenant à la même espèce qu'un autre.

Conservation Efforts de sauvegarde des animaux et de leur milieu naturel.

Corail Petit animal des mers chaudes formant des colonies nombreuses. Un récif de corail est constitué du squelette de calcaire sécrété par ces animaux.

Darwin, Charles Naturaliste anglais du XIXe siècle. Il est surtout connu pour sa théorie de l'évolution.

Décidu Un arbre décidu perd ses feuilles en automne et en produit de nouvelles au printemps.

Delta Terre basse située à l'embouchure d'un fleuve, là où ce dernier rejoint la mer. Dans certains cas, le fleuve se divise en bras plus ou moins nombreux.

Dominant Qualifie un animal dirigeant un groupe de congénères.

Écholocation Système de localisation utilisé par les chauves-souris et les baleines à dents, servant notamment à repérer leurs proies. L'animal émet un son aigu qui va heurter les obstacles alentour et renvoyer un écho. En analysant cet écho, l'animal saura situer les obstacles et estimer leur taille.

Écosystème Ensemble d'un milieu et des espèces animales et végétales agissant les unes avec les autres. Une forêt tropicale est un écosystème, de même qu'un récif de corail.

Équateur Cercle imaginaire autour de la Terre, situé à égale distance des pôles Nord et Sud.

Espèce Ensemble de plantes ou d'animaux présentant des caractères communs. Les membres d'une même espèce peuvent se reproduire et donner naissance à des petits également fertiles.

Évolution Processus de changement et d'adaptation de toute espèce vivante au fil du temps.

Extinction Disparition définitive d'une espèce sous sa forme vivante. L'espèce est alors éteinte.

Faux Outil fait d'un manche et d'une lame tranchante servant à couper les hautes herbes ou les céréales.

Glande Organe du corps sécrétant des substances comme du poison. Les glandes odoriférantes de la moufette produisent un liquide nauséabond qui repousse les prédateurs.

Granivore Animal qui se nourrit de graines.

Habitat Ensemble d'un milieu dans lequel vit une espèce animale ou végétale.

Hibernation État de sommeil profond d'un animal pendant l'hiver, lorsque la nourriture se fait rare. Sa température chute et sa respiration ralentit afin d'économiser son énergie.

Invertébré Animal dépourvu d'ossature (ou squelette interne). Les insectes, les araignées, les crabes, les vers et les escargots sont des invertébrés.

Larve Premier stade de développement d'un animal, très différent de sa forme adulte. Une chenille est une larve de papillon.

Mammifère Animal à sang chaud, le plus souvent quadrupède et couvert de poils, qui donne naissance à des petits déjà formés (sauf dans le cas des marsupiaux). La femelle les nourrit du lait produit par ses glandes mammaires.

Mangrove Formation végétale des marécages côtiers en zone tropicale. La mangrove est composée de palétuviers, des arbres reposant sur des racines échasses et tolérant l'eau salée.

Marsupial Mammifère donnant naissance à de minuscules petits presque à l'état de larves, dont le développement s'effectue dans la poche ventrale de la femelle.

Migration Déplacement saisonnier de groupes d'animaux, les migrateurs, d'une région à une autre afin de trouver les meilleurs sites de nourrissage ou de reproduction.

Mollusque Type d'invertébré comme les escargots, les limaces et les palourdes, dont la plupart ont une coquille rigide. Les calmars et les pieuvres sont aussi des mollusques.

Nectar Liquide sucré produit par les fleurs, dont beaucoup d'oiseaux et d'insectes se nourrissent.

Parasite Animal qui vit sur ou dans le corps d'un autre animal et s'en nourrit.

Pesticide Produit chimique employé pour détruire ou repousser les mauvaises herbes ou certains animaux, des insectes par exemple, afin de protéger les cultures.

Plancton Minuscules organismes aquatiques, végétaux (phytoplancton) ou animaux (zooplancton). La plupart ne sont visibles qu'au microscope.

Pollution Introduction dans un milieu naturel d'un élément destructeur : des déchets ou du pétrole par exemple.

Polype Petit animal en forme de tonneau, dont la bouche est entourée de tentacules, par exemple chez l'anémone de mer ou le corail.

Prédateur Animal qui chasse d'autres animaux et s'en nourrit.

Préhensile Se dit de l'organe d'un animal capable de saisir des objets. Certains singes ont une queue préhensile qu'ils utilisent comme un cinquième membre quand ils se déplacent dans les arbres.

Primates Ensemble de mammifères regroupant les singes et les grands singes dont l'homme. La plupart ont un cerveau développé et des mains préhensiles.

Proie Animal chassé et mangé par un autre animal.

Ramure Ensemble des bois, autrement dit des structures osseuses, visibles sur la tête de certains animaux, en particulier les cervidés.

Reptile Animal vertébré à la peau couverte sont des reptiles. La plupart pondent des œufs dont la coquille peut être souple ou rigide.

Rongeurs Ordre de mammifères regroupant les rats, les souris et les écureuils.

Savane Prairie généralement située en zone tropicale. Les plus vastes se trouvent en Afrique.

Serres Griffes des oiseaux de proie comme les aigles.

Singe, grand Les grands singes sont des primates dont la principale caractéristique est d'être dépourvus de queue. La famille comprend l'orang-outan, le gorille, le chimpanzé, le bonobo et l'homme.

Tentacule Partie prolongeant le corps d'un animal (le calmar par exemple) et lui servant à toucher ou à saisir des éléments de son environnement.

Toundra Formation végétale naine dépourvue de grands arbres. Typique des régions froides, on la trouve surtout à proximité du cercle polaire arctique.

Tropical Originaire des régions chaudes situées de part et d'autre de l'équateur.

Venin Liquide toxique produit par certains serpents ou d'autres animaux pour tuer ou paralyser leurs proies.

Vertébré Animal pourvu d'un squelette. Les mammifères, les oiseaux, les reptiles, les amphibiens et les poissons sont des vertébrés.

Vivrière, culture Production agricole servant principalement à nourrir les populations locales.

Index

Crédits et remerciements

Légende : c = centre ; d = droite ; g = gauche ; b = bas ; h = haut ; cd = centre droite ; cg = centre gauche ; bd = bas droite ; bg = bas gauche ; bc = bas centre ; hc = haut centre ; bcd = bas centre droite ; bcg = bas centre gauche ; hcd = haut centre droite ; hcg = haut centre gauche ; f = fond.

Couverture

1ère de couverture : hg iS, hc CBT, hd TPL, cg TPL et illustrations de Peter Bull Art Studio
4e de couverture : illustration de Jon Gittoes

Photographies

ALA = Alamy ; AUS = Auscape International ; CBT = Corbis ; DSC = Digital Stock ; iS = iStockphoto.com ; MP = Minden Picture ; NGS = National Geographic Society ; NHPA = Photoshot ; NPL = Nature Picture Library ; SH = Shutterstock ; SP = SeaPics ; SPL = Science Photo Library ; TPL = photolibrary.com ; Wiki = Wikipedia

1c iS ; 2hc iS ; f, bd SH ; 2-3f iS ; 4bc, c, hd iS ; cg MP ; cd TPL ; 5c AUS ; bd, cg, cd, hg iS ; hd SH ; 6bc, c, cg iS ; 7bc, bd, cd iS ; 8cg NPL ; f SPL ; 8-9hc CBT ; 9c AGA ; cg, cd iS ; bd SH ; 10f, cg NHPA ; 11cg iS ; hd NHPA ; 12f, hc iS ; bc MP ; c NHPA ; 13f, c, cd iS ; bd NHPA ; hc TPL ; 14f, bd, hc iS ; cg NHPA ; c TPL ; 14-15c, hc TPL ; 15bc NHPA ; c, cg, cd, hd TPL ; 18hg iS ; 19bc, f, c, cd iS ; bd MP ; 20cd iS ; bd, cg MP ; 20-21bc iS ; 21cd CBT ; hc iS ; cd SH ; 22cg iS ; c NHPA ; bd TPL ; 23f, bd iS ; hc MP ; bc, cg TPL ; 24cg NHPA ; cd TPL ; 25c CBT ; cg, hg iS ; bd, c, cd MP ; 26c SH ; 27bc, cd iS ; hg MP ; 28cg iS ; c MP ; f TPL ; 29hg MP ; c, cd TPL ; 30hg iS ; c SH ; cd TPL ; 31hd iS ; bd MP ; f, cd TPL ; 32hc, hd SH ; 33bc, f, bd iS ; hd MP ; bd, cd TPL ; 34bc, f, c, hg iS ; cg TPL ; 35cg MP ; bc NHPA ; 36c, cg, cd iS ; 37c iS ; hg MP ; 38c, cg, cd iS ; bd MP ; hg NHPA ; 38-39hc MP ; 39c, hg MP ; bd SH ; 40bc iS ; hg NHPA ; c, cg TPL ; 41c, hd iS ; f, bd, hg TPL ; 42f, hg NHPA ; cg, cd TPL ; 42-43bc TPL ; 43cg, iS ; c MP ; bd SH ; cd TPL ; 44c CBT ; bd, cg iS ; f, hg NHPA ; cd TPL ; 45bd, hg iS ; hd NHPA ; 46hc SH ; 47bc, bd, cd iS ; bd NHPA ; bc SH ; c TPL ; 48f, hg iS ; cg, cd SH ; 49bd iS ; bc, cg SH ; 50cd CBT ; hg NPL ; bc, f SH ; cg TPL ; 50-51bc SH ; 51bc, cd iS ; bd, hg, hd SH ; 52cg, hg NHPA ; 53bd, hcd, hg, hd NHPA ; bcd NPL ; 54c, cg iS ; hg NPL ; f, bd SH ; 55bc, f, hd NHPA ; cd NPL ; hc SH ; 56bd, c iS ; cg NHPA ; f SH ; 57hg NHPA ; cg SH ; 58bc iS ; cg NPL ; cd Wiki ; 58-59bc TPL ; 59cg iS ; bc NHPA ; hd SH ; bd, hc TPL ; cd Wiki ; 60bcg, hd iS ; c NHPA ; bc, f, cg SH ; c, hcg TPL ; 61bd iS ; 62f, bd, cd iS ; cg TPL ; 63bc iS ; cd NHPA ; 64cg CBT ; f, bd, c iS ; c NHPA ; hg SH ; 65hc iS ; hg NHPA ; c SH ; cd TPL ; 66c iS ; cg MP ; 66-67b MP ; 67cd NHPA ; 68c, cg NHPA ; 69hd CBT ; bcd, c, hg iS ; hcd SH ; 70cg CBT ; c iS ; f NHPA ; 71hd CBT ; bc, bd, hg iS ; cg MP ; c TPL ; 72cg iS ; c NHPA ; hg TPL ; 72-73c NHPA ; 73bd, hc iS ; bc, f, hd NHPA ; cd TPL ; 74cg NHPA ; bcd, hg TPL ; 75hd iS ; c MP ; cg NHPA ; bc, bd, c TPL ; 76f, cg iS ; bc, hc SH ; 77bd, c, cd, hc, hd iS ; c, cd SH ; 78f iS ; cg MP ; c NHPA ; hg NPL ; 78-79bc SH ; 79c iS ; f MP ; cd NHPA ; hd NPL ; hg SH ; 80c iS ; cg, hg NHPA ; f NPL ; 80-81bc iS ; 81bc, hc MP ; bd, hg, hd NHPA ; bcg NPL ; cd TPL ; 82bd iS ; cg MP ; f NHPA ; c, hg NPL ; 83hcd CBT ; hd iS ; bcd, f, bd NHPA ; cg, hc NPL ; 84cg NPL ; hg Wiki ; 85bc iS ; f, bd, hg, hd NHPA ; cg NPL ; cd TPL ; 86cg MP ; bc SH ; 87cd, hd iS ; bc, hc, hg NHPA ; f NPL ; 88f iS ; bc, cg NHPA ; cd TPL ; 89hd NHPA ; c, hc, hg TPL ; 90f iS ; c, cg NPL ; 90-91bc NPL ; 91hg CBT ; bd NHPA ; hc, hd NPL ; c TPL ; 92cd CBT ; hc iS ; bd, c NHPA ; hg TPL ; 93bd iS ; f NHPA ; c, hc SH ; 94bd iS ; 95bd, cd, hc, hd iS ; hd NHPA ; 96cg iS ; bd, c MP ; f NHPA ; hg Wiki ; 97hd AUS ; hc, hg NHPA ; 98bc, f, cd iS ; cg NHPA ; bc TPL ; 99hg NHPA ; c TPL ; 100f NHPA ; cg TPL ; 101cd hg AUS ; hd NHPA ; 102c, cg iS ; cd NHPA ; 103hc iS ; f, bd NHPA ; 104cg iS ; c MP ; 105cd iS ; cg, hc, hd TPL ; 106bc, f, bd, cg, cd TPL ; 107hg CBT ; f, bd, c, cg, hg NHPA ; 108hcg AUS ; bc DSC ; c NGS ; bcg, cd NPL ; 108-109b DSC ; 109bd AUS ; c DSC ; 110bc iS ; bc, f MP ; bd, cg TPL ; 111hd NPL ; 112cg, hg ; 113c iS ; cd NHPA ; f SH ; 114f, cg, cd iS ; 115c MP ; cd SP ; f, hd TPL ; 116c iS ; cg MP ; f NPL ; 117cg, hd iS ; bd NHPA ; cd, hg TPL ; 118bd, c, cg iS ; 119hg iS ; bc, f, cd TPL ; 120bc, bd NHPA ; cg, cd SP ; 121cd iS ; hd MP ; bd TPL.

Illustrations

ABar = Alistair Barnard ; ABoo = Andre Boos ; ABow = Anne Bowman ; BCal = Bob & Clara Calhoun/Bruce Coleman Limited ; BCro = Barry Croucher/The Art Agency ; BE = Brin Edwards/The Art Agency ; CE = Christer Eriksson ; CJ = Contact Jupiter/Yvan Meunier ; CL = Connell Lee ; CS = Chris Shields ; CT = Claure Thivierge ; DC = Dan Cole/The Art Agency ; DK = David Kirshner ; ER = Edwina Riddle ; FD = Fiammetta Dogi ; FK = Frank Knight ; FW = Frank Wright ; GT = Guy Trougton ; GW = Genevieve Wallace ; IJ = Ian Jackson/The Art Agency ; IM = Iain McKellar ; JB = Jane Beatson ; JD = Jane Dunstan/The Art Agency ; JF = John Francis/Bernard Thornton Artists, UK ; JG = Jon Gittoes ; JMac = John Mac/Folio ; JMcK = James McKinnon ; KS = Kevin Stead ; LC = Leonello Calvetti ; MA = Mark Atkinson/Garden Studio ; MC = Martin Camm ; MDan = Marc Dando ; MDon = Mike Donnelly/The Art Agency ; MGoo = Malcolm Goodwin ; MGro = Magic Group ; MP = Mick Posen/The Art Agency ; MT = Myke Taylor ; PBac = Paul Bachem ; PBul = Peter Bull Art Studio ; PSch = Peter Schouten ; PSco = Peter Scott/The Art Agency ; RB = Richard Bonson/The Art Agency ; RC = Robin Carter/The Art Agency ; RG = Ray Grinaway ; RMan = Rob Mancini ; RMor = Robert Morton ; SA = Susanna Addario ; SD = Sandra Doyle/The Art Agency ; SH = Steve Hobbs ; SJC = Stuart Jackson-Carter/The Art Agency ; SO = Stan Osolinksi ; TB = Thomas Bayley/The Art Agency ; TH = Tim Hayward ; TP = Tony Pyrzakowski ; TR = Trevor Ruth ; WA = Wildlife Art

4hg CT ; 6-7c CE ; 7hd DK ; hd SD ; 8hg ABow ; hd RB ; 9hd GT ; 10c MDon ; 10-11bc, hc IJ ; bc TR ; 12hg PSch ; 14hg CS ; 18bd CE ; hd DK ; c FD ; cg FK ; bd GT ; c GW ; cd IJ ; hg JB ; c LC ; cd, hc MGro ; hc MS ; 20hg DK ; hd FD ; cg SD ; 21bd DC ; hg, hg FD ; hd PBul ; hc, hd RC ; 22f FW ; hg GT ; 23hc JMcK ; 24hg KS ; 24-25b CL ; 25f GW ; hd SO ; 26f BCro ; c BCal ; bc LC ; hg SA ; cg TR ; 26-27b BE ; 27bd CS ; hd JD ; bc MGro ; 28hg GT ; 28-29b BE ; 29c, hc, hd IJ ; bd MGro ; 30c CE ; 31hc MGro ; hg RC ; 32bc, hc, hg DK ; hg GT ; c, hg JB ; cg JG ; c PBul ; cd RMan ; 33cg DK ; 34hd JD ; 34-35bc FK ; 35bd ABow ; 36bc MP ; hg PBul ; cg WA ; 37cd MDon ; cg PBul ; f TP ; 38b JMac ; 38-39b DK ; 39hc BE ; d, hd GT ; bd MGro ; 40bd DC ; b DK ; 41g CJ ; c RM ; 43hd DK ; hg FK ; 44f IJ ; 45bc, f JD ; c MP ; 46cg FK ; c IJ ; f MDon ; bd TH ; 47hd CS ; bcg DK ; hc MC ; hcd SA ; f, hcg TH ; 48c DK ; 49hd IJ ; hg IM ; 52f, c DC ; 52-53bc SJC ; 55hg SJC ; 56hg MT ; 56-57bd IJ ; 57hc JG ; hd KS ; 58f DK ; hg TH ; 60bd, cd DK ; 61hd CE ; bc, c, cg DK ; bcg, hc GT ; c RG ; 62hg RG ; bc RMan ; 63hc JD ; cg MGro ; 62-63b SH ; 65hd DC ; bd PBul ; 66hg DK ; f TH ; 67bd CT ; hg PBac ; hc, hd SH ; 68hg GT ; cd MGro ; 68-69b CE ; 69bc GT ; f MC ; 70hg MGro ; 70-71bc SJC ; 71hc GT ; 72bc TR ; 74hcd ABar ; bc PBul ; 75hc, hg DK ; hc MGro ; 76bcd, c, hcd DK ; bd MDon ; 77f, hg FK ; cg MGro ; 79bd FK ; 83c PBuL ; 84f DK ; bd PBul ; 86hg DK ; bd GT ; 86-87c ABoo ; 87bd DK ; 88hg DK ; 88-89bd SJC ; 90hg MGro ; 91hc DK ; f FK ; 92bc, f ER ; 93cg ER ; hd JD ; hg PBul ; 94cg CE ; f DC ; bcd DK ; bc GH ; c MA ; hd PBul ; hcd RG ; 95bcg, f, hcg GH ; bc PSco ; hc RG ; c SLC ; 96cd DK ; 97bd CE ; f DC ; cg GT ; 98-99bd DK ; 98hg DK ; 99hd DC ; 100bc DK ; hg JF ; 100-101bc SD ; 101c MA ; cg DG ; bd SLC ; 102f, bd GT ; hg DK ; 102-103c GT ; 103cd SD ; 104hg DK ; 104-105hc GT ; b SJC ; 106hg DK ; 107hd DK ; 108hg DK ; 109hd BE ; hg DK ; 110c MP ; hg RMor ; 112f, c CJ ; bd TP ; 113bd CE ; hd CJ ; 114hg MP ; 115bd LC ; 116hg DK ; 116-117bc RC ; 117bc DK ; 118f MGoo ; hg TR ; 119bd DA ; c, hg, hd LC ; 120f LC ; hg RC ; 120-121bc TB ; 121c CE ; hg DC ; 122f KS ; 122-123hc IJ ; 123bd CE ; hc MGro ; 124f CE ; hc SD ; 125hd CE ; 126bc DK ; 127hg CE ; bc DK ; 128bd DK.

Cartes et infographies

Cartes de Will Pringle/Map Graphx et de Laurie Whiddon/Map Illustrations, adaptées par Peter Cooling.

Infographie de Andrew Davies/Creative Communication.